Marianne Wiedemann

Neue Wege zur Erziehungspartnerschaft

Marianne Wiedemann

Neue Wege zur Erziehungspartnerschaft

Zusammenarbeit von Kindergarten, Grundschule und Elternhaus

borgmann

Gesamtherstellung: Löer Druck GmbH, Dortmund

Bestell-Nr. 8207 ISBN 3-86145-131-X

Inhaltsverzeichnis

Einleitung 9

I. Einfluß der Familie auf die kindliche Entwicklung 11
1. Erwartungshaltung 12
   1.1 Erwartungshaltung der Eltern an das Kind 12
   1.2 Erwartungshaltung der Eltern an sich selbst 15
   1.3 Erwartungshaltung des Kindes 21
2. Kinder erziehen uns 24

II. Einfluß der Institutionen auf die kindliche Entwicklung 27
1. Der Kindergarten 27
2. Die Schule 29

III. Sind wir sensibel bei ersten Anzeichen von Schwierigkeiten? 31
1. Symptome 31
   1.1 Im Kindergarten 31
   1.2 Beim Schulanfang 33
   1.3 Im Schulalter 35
2. Lernfähigkeit – Lernbereitschaft 35

IV. Die Eltern 39
1. Belasten Schwierigkeiten des Kindes auch die Eltern? 39
   1.1 Die Mutter 40
   1.2 Der Vater 42
   1.3 Die Ein-Eltern-Familie 43
2. Warum aktive Hilfestellung auch für die Eltern? 43
3. Sozialer Aspekt der unterschiedlichen Familienstrukturen 46
   3.1 Individuelles Eingehen hilft den Weg finden 47
   3.2 Integrationshilfe für behinderte Kinder 48
   3.3 Integrationshilfe für ausländische Kinder 52

V. Wie zeigen sich die Schwierigkeiten Wo können Ursachen liegen? 53
1. Körperliche Beeinträchtigungen 53
2. Seelisch-soziale Beeinträchtigungen 53
3. Verhaltensauffällige Kinder 54
4. Entwicklungsgehemmte Kinder 56

VI. Was tun? 59
1. Chance der Prävention 59
   1.1 Prävention im Kindergarten 59
   1.2 Stärkung des Selbstwertgefühls im Kindergartenalter 61
   1.3 Mut zur Kreativität 62
2. Gemeinsames Erleben in Eltern(Mutter)-Kind-Gruppen 64

VII. Eltern(Mutter)-Kind-Gruppen 65
1. Integratives oder kooperatives Angebot des Kindergartens 65
2. Die Gruppe 65
   2.1 Gruppengröße 66
   2.2 Gruppenraum 66
   2.3 Zeitaufwand 66
   2.4 Spiel- und Arbeitsmaterial 68
   2.5 Gestaltung – Themenauswahl 70
   2.6 Zeitlicher Ablauf eines Gruppentages 71
3. Beispiele eines Gruppenprotokolls 72
4. Beispiele aus dem Gruppenalltag 74

VIII. Umsetzbarkeit auf den familiären Alltag 79
1. Zielrichtung 79
2. Ganzheitlicher Aspekt 79
3. Über die Stärken zu den Schwächen 81
4. Kreativität in der Erziehung 81
   4.1 Wie können wir Kreativität in unseren Alltag umsetzen 82

IX. Förderbereiche 85
1. Bedeutung der Bewegung 85
   1.1 Lernen durch Bewegung 87
   1.2 Bewegung und Gesundheit 89
   1.3 Interaktion Mutter/Kind in der Bewegung 89
   1.4 Kreativität in der Bewegung 90
   1.5 Assoziative Zusammenhänge in der Bewegungserziehung 93
   1.6 Bedeutung der Prävention in der Bewegungserziehung 94
   1.7 Körperbewußtsein und Bewegung 96
   1.8 Körperliche Geschicklichkeit und sprachlicher Ausdruck 98
2. Förderung der Wahrnehmung im Spiel 100
   2.1 Was ist Wahrnehmung 100
   2.2 Entwicklung der Wahrnehmung 101
3. Integration der Sprache ins Spielgeschehen 105

4. Interaktion Mutter/Kind als Förderschwerpunkt 106
4.1 Gegenseitige Abnabelung 108
4.2 Überbehütung 108
4.3 Sind Kurse eine Lösung? 109
4.4 Vertrauen in die Fähigkeiten des Kindes 110
5. Erfahrungen sammeln lassen 110
6. Das gemeinsam Erlebte im gemeinsamen Gespräch aufarbeiten 113

X. Gruppenleitung 117
1. Berufliche Qualifikation 117
1.1 Grundausbildung 117
1.2 Weiterbildung 118
1.3 Elemente der Weiterbildung 119
1.4 Belastung 120
2. Anregungen für die Praxis 121

Ausblick 123

Literaturverzeichnis 125

Einleitung

„Man muß die Kinder so nehmen, wie sie sind“, sagte schon Goethe vor über zweihundert Jahren. Dies klingt auch heute noch topaktuell. Doch Hand aufs Herz, nehmen wir unsere Kinder wirklich so an wie sie sind? Stehen uns nicht häufig unsere eigenen Wunschvorstellungen im Wege? Wenngleich der „Stammhalter“ aus früheren Generationen seine Bedeutung längst eingebüßt hat, erwarten doch manche Eltern die Geburt ihres Kindes keineswegs geschlechtsneutral. Sie freuen sich zwar gleichermaßen über ein Mädchen, legen aber doch oft in einen Jungen eine andere Erwartungshaltung.

Die Aufforderung „Mehr Miteinander in der Erziehung“ will keinen neuen Erziehungsstil aufzeigen, sondern lediglich Hilfestellung bieten, unsere Kinder umfassender kennenzulernen. Diese Aufzeichnungen erheben keineswegs den Anspruch der Gründlichkeit und Vollständigkeit der Themenwahl. Ziel ist vielmehr, vielfältige Themenbereiche anzureißen und dadurch Denkanstöße zu geben.

Hier Familie, da Kindergarten und Schule und wenig Berührungspunkte dazwischen: Das waren Erziehungsmerkmale vorangegangener Generationen. Großfamilien und Geschwister unterstützten die kindliche Entwicklung; der kindliche Alltag spielte im überschaubaren häuslichen Umfeld. Ein Alltag also, in dem die Eltern auftretende Schwierigkeiten direkt miterlebten und diesen deshalb sofort wirkungsvoll begegnen konnten.

Und heute? Statistiken weisen aus, daß Dreiviertel aller Kinder vor der Schule mindestens zwei Jahre den Kindergarten besuchen. Ab 1996 hat bereits jedes Kind ab dem dritten Lebensjahr einen Rechtsanspruch auf einen Kindergartenplatz. Fähigkeiten im sozialen Bereich, Kontakt mit seinen Mitmenschen, lernt und trainiert das Kind jetzt überwiegend im Kindergarten. Hier aber hat die Mutter nicht mehr die Möglichkeit, ihr Kind gerade in dieser so wichtigen Sozialentwicklung zu beobachten und seine Eigenheiten im direkten Erleben kennenzulernen. Es fällt ihr deshalb oft schwer, auftretenden Schwierigkeiten, trotz verbaler Information und Beratung, wirkungsvoll zu begegnen.

Ein veränderter Lebensstil bestimmt unser heutiges Leben: „Isolierte“ Kleinfamilien, alleinerziehende Mütter/Väter, eingeengt durch unkindgemäße Wohnverhältnisse, die Mutter in Erziehungsfragen auf sich allein gestellt. Die Erziehungsnormen aber orientieren sich immer noch an der Tradition früherer Generationen: Hier Familie – dort Kindergarten und Schule. Bindeglieder stellen lediglich gemeinsame Feiern, Elternabende und gelegentliche Beratungsgespräche (Erzieher/Fachkraft – Eltern/Laien) dar. Ist das aber ein echtes Miteinander im gemeinsamen Ziel Erziehung?

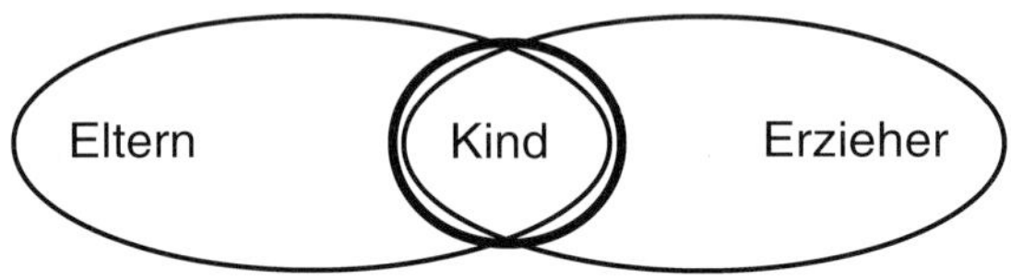

Gemeinsames Bemühen

I. Einfluß der Familie auf die kindliche Entwicklung

Wissenschaftliche Untersuchungen beweisen, daß gerade die ersten Lebensjahre eines Kindes von der familiären Atmosphäre geprägt werden. Neben erblichen Anlagen bestimmt das Erziehungsverhalten der Eltern in dieser Zeit ganz entscheidend die Entwicklung des Kindes. Durch gezielte Förderung des Kindes können wir zwar negative Entwicklungssymptome beseitigen. Treten nun Schwierigkeiten auf, muß unser primäres Interesse aber deren Ursachen gelten. Deshalb muß auch unser Hauptinteresse darauf abgestimmt sein, auf das „Fundament Familie" positiven Einfluß zu nehmen. Auch sie müssen in den außerfamiliären Bildungsbereich ihres Kindes mit einbezogen werden. Erst dadurch wird es ihnen möglich, die Persönlichkeit und Eigenart ihres Kindes zu verstehen und zu akzeptieren. Es ist bewiesen, daß es hierbei mit der lediglich auf dem Gespräch basierenden Elternberatung außerhalb des Geschehens allein nicht getan ist.

Ziel aller Eltern ist, ihr Kind zu einem selbstbewußten, selbständigen und selbstverantwortlichen Menschen zu erziehen, der sich im Leben gut zurechtfindet.

Treten nun Schwierigkeiten im Lebenslauf des Kindes auf, ob Lernstörungen in der Schule, Verhaltensauffälligkeiten im Vorschul- und Schulalter, Drogen- oder Gewaltprobleme im Jugendalter: als Verur-

Der „rote Faden"

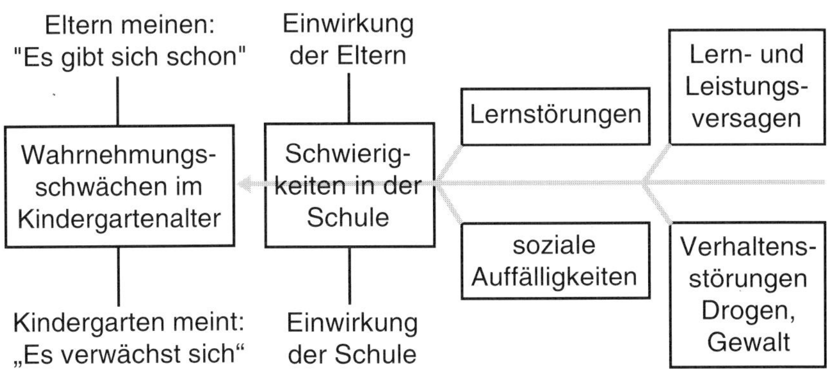

sacher wird meist, als Mitverursacher jedoch immer, der prägende Einfluß des familiären Umfelds in den ersten Lebensjahren gesehen.

„Nestwärme" braucht nicht nur das Tierbaby zum Überleben; genauso wichtig ist diese auch für ein gutes Gedeihen des Menschenkindes. Nicht die Heizungstemperatur, die materielle Ausstattung, die Ernährung, ist damit angesprochen, sondern das Gefühl der Geborgenheit, der liebevollen ZUWENDUNG, das Verständnis für Wohl und Weh. „Fehlende Nestwärme" ist in vielen Akten straffälliger Jugendlicher als Mitverursacher zu lesen; der >rote Faden< reicht meist zurück bis in die ersten Lebensjahre.

1. Erwartungshaltung

Wenn auch leider immer wieder Kinder unerwünscht das Licht der Welt erblicken, so wird doch die Mehrzahl von ihren Eltern freudig erwartet. Unbewußt aber verbinden sich damit auch bereits Erwartungen an den Ankömmling: an sein Aussehen, seine Fähigkeiten, sein Geschlecht. Wenngleich die Rolle des Stammhalters früherer Zeiten an Bedeutung eingebüßt hat, ist eine gefühlsmäßige Gleichstellung zumindest in dieser Generation noch keineswegs gesichert. Untersuchungen des Max-Planck-Instituts haben aufgezeigt. daß die Eltern die Leistungsfähigkeit der Buben höher einschätzen, andererseits aber Mütter gerade Jungen für seelisch labiler halten als Mädchen.[1]

Die in diesem Buch aufgezeigten Gedanken und Überlegungen erfahren zwar zu bestimmten Entwicklungszeiten besondere Gewichtung, beziehen sich aber grundsätzlich auf die gesamte kindliche Entwicklung.

1.1 Erwartungshaltung der Eltern an das Kind

Während das Kind sich in früheren Jahren in seiner Familie auch an Großeltern und Geschwistern orientieren und somit verschiedenartige Verhaltensmuster kennenlernen konnte, ist es heute meist auf die Eltern bzw. einen Elternteil allein und höchstens ein Geschwisterchen fixiert. Noch nie war es so selbstverständlich, daß sich gerade in den ersten Lebensjahren die elterliche – meist mütterliche – Fürsorge ausschließlich nur **einem** Kind zuwandte.

---

[1] MAX-PLANCK-INSTITUT FÜR PSYCHOLOGISCHE FORSCHUNG, München: „Sind Mütter gute Diagnostiker ihrer Kinder?", 10/89

Naturgemäß kennen die Eltern, insbesondere die Mutter, ihr Kind am besten. Sie sind es – und nicht die Berufserzieher – die gerade in den ersten Lebensjahren bewußt oder unbewußt den kindlichen Alltag prägend gestalten. Wenn auch die Eltern früherer Generationen ihre Kinder nicht weniger liebten, nicht weniger um ihr Wohl besorgt waren, mußten sie diese Zuwendung doch in der Regel auf mehrere Kinder verteilen.

Naturgemäß entsteht aus dieser ausschließlichen Zuwendungsmöglichkeit aber auch ein erhöhtes Anspruchsdenken an das Kind. Weniger als früher kann es erworbene Fähigkeiten im lockeren Spiel mit anderen Kindern trainieren, ohne daß die Erwartungshaltung des Gelingens seitens der Eltern dahintersteckt. Durch das Fehlen der Vergleichsmöglichkeiten in der eigenen Familie orientieren sich die Eltern oft zu sehr am Entwicklungsstand Gleichaltriger aus dem Bekanntenkreis. Dabei bleibt jedoch leider allzuoft die Individualität jedes Menschen, auch des kleinen Kindes, seine „innere Uhr", unbeachtet; was die Gefahr einer normierten Erwartungshaltung in sich birgt. Wenn beispielsweise ein Kind bereits mit zehn Monaten statt mit dem im Entwicklungsraster angegebenen zwölf Monaten die ersten Schritte wagt, sind die Eltern stolz darüber. Ist es aber erst mit vierzehn Monaten soweit, wird dieser Zeitpunkt meist schon ungeduldig, oft sogar mit einer gewissen Sorge, erwartet. Der kalendergemäße Zeitraum von zwölf Monaten stellt lediglich einen Durchschnittswert dar. Ein persönlichkeitsbedingtes Abweichen muß der individuellen Entwicklung zugestanden werden – ohne Berechtigung zu Stolz oder Besorgnis.

Orientiert sich die Erwartungshaltung zu sehr an diesen Normenrastern, besteht Gefahr, daß das Kind dadurch in ein Schema gepreßt und eventuell überfordert wird, was dann nicht selten zur Entmutigung führt. Meist sind dies banale Alltagssituationen, die jedoch „Steinchen für Steinchen" Einfluß in die kindliche Persönlichkeitsentwicklung nehmen.

Stolz ist der sechsjährige Martin, daß er zusammen mit dem Vater mit der Laubsäge hantieren darf. Aus Sperrholz wollen die beiden aus Kanten und geschwungenen Linien bestehende Figuren aussägen. Die altersgemäße feinmotorische Entwicklung bereitet ihm jedoch sogar noch im sicheren Umgang mit Schere und Farbstiften nicht zu übersehende Schwierigkeiten. Wenn auch bei diesen Laubsägearbeiten der Vater keine direkte Kritik äußert, spürt Martin doch an Vaters Verbesserungswün-

schen, daß seine Handhabung unzulänglich ist, daß er damit den Erwartungen des Vaters nicht gerecht werden kann. Das führt dazu, daß er sich unbewußt überfordert fühlt und deshalb bald die Lust am Weitermachen verliert. Die Eltern jedoch empfinden dies allerdings als mangelnde Ausdauer ihres Kindes.

Genauso gefährlich aber ist es, wenn wir zu wenig Vertrauen in die kindlichen Fähigkeiten setzen. Das Kind übernimmt das schwache Selbstbild und traut sich in der Folgezeit noch weniger zu riskieren. Häufig ist mit ein Grund hierfür eine übergroße Angst, das Kind könnte Schaden erleiden oder anrichten.

Lydia, Einzelkind einer alleinerziehenden Mutter, erfüllt ihre Aufgaben in der Gruppe absolut altersgemäß. Zwar manchmal etwas schüchtern und zurückhaltend, ist sie jedoch sofort hilfsbereit zur Stelle, wenn es gilt, einem anderen Kind bei einer Tätigkeit Hilfestellung zu geben. Freudig und stolz berichtet Frau M. eines Morgens, daß sie heute ihrer sechsjährigen Tochter zum erstenmal erlaubte, das Frühstücksgeschirr selbst aus dem Schrank zu holen. Sie gestand, daß erst das durchaus altersgemäße Agieren ihrer Tochter in der Gruppe, das sie seit einigen Wochen miterleben konnte, ihr den Mut dazu gab. Aus Angst vor Verletzung und Schaden hatte sie dies bisher immer selbst getan. Für Mutter und Kind wird diese „Selbstverständlichkeit" zu einem nachhaltigen Erfolgserlebnis.

Über- oder Unterforderung ist in der Regel Merkmal dafür, daß wir das Kind nicht da abholen, wo es aufgrund seiner Persönlichkeitsstruktur und Entwicklung ist.

„Hilf mir es selbst zu tun"

Vermeiden können wir die Gefahren der Über- und Unterforderung mit ihren Folgen, indem wir schon Kleinkindern sehr früh und ausreichend Möglichkeiten geben, die Selbständigkeit in kleinen Schritten zu trainieren:

- Vielleicht gibt die Mutter schon eine halbe Stunde vor dem geplanten Weggehen dem Kind Schuhe, Mantel und Handschuhe zum Anziehen, damit auch genügend Zeit bleibt, *selbst* die störrischen Knöpfe durch die richtigen Löcher zu schieben, die kleinen Finger den verzwickten Platz im Handschuh finden zu lassen.
- Ist uns eigentlich der perfekte Umgang mit Löffel, Gabel und Messer in die Wiege gelegt worden? Wie stolz waren wir doch, als der

von unserer eigenen Patschhand geführte Löffel nach vielen Irrwegen den Brei im Mund ablieferte.

- Was tat es auch schon, wenn der linke Schuh unseren rechten Fuß drückte?

„Hilf mir, es selbst zu tun, hilf mir, daß ich es selbst kann!" Unter dieses Motto setzte Maria Montessori, Begründerin der weltweiten Montessori-Pädagogik, bereits um die Jahrhundertwende ihr bahnbrechendes Erziehungsprinzip. Materialien aus dem Alltag bot sie schon damals den Kindern an, um „selbständig" Erfahrungen zu sammeln und dabei unbewußt die Sinneswahrnehmung zu trainieren. „Erst die Erziehung der Sinne, dann die Schulung des Verstandes", war hierbei ihr Leitmotiv. Sand, Erbsen, Reis und Wasser durften die Kinder damals von einem Gefäß ins andere gießen – ohne Zurechtweisung, wenn mal die Umgebung in Mitleidenschaft gezogen wurde.

Erziehung zu Selbständigkeit – heute geradezu ein Modewort. Doch wann beginnt sie eigentlich? Gewiß, ein Baby sich selbst zu überlassen, würde seinen sicheren Tod bedeuten. Wenn aber ein Baby bei jedem Schrei sofort den verlorenen Schnuller wieder in den Mund gesteckt bekommt, hat es keine Veranlassung, selbst danach zu suchen. Banalitäten, die nichts mit der Selbständigkeit zu tun haben, werden manche sagen. Doch wann beginnt eigentlich diese Selbständigkeit: bei der Wahl des Freundes, der Volljährigkeit, der Berufswahl?

1.2 Erwartungshaltung der Eltern an sich selbst

Verständlicher Wunsch der Eltern ist es, daß sie ihren Kindern den Schritt ins Leben so angenehm, so optimal wie nur möglich gestalten wollen – schlichtweg: sie möchten perfekte Eltern sein. Sie möchten aber auch, daß sich ihr Kind stets von seiner positiven Seite zeigt: fügsam, fleißig, ordentlich und brav. Diese „Pflegeleichtigkeit" glaubt ihnen Gewähr zu bieten, daß aus ihrem Kind einmal ein perfektes Glied der Gesellschaft wird.

Wir alle wissen, daß wir Individuen sind, daß sich, ob Erwachsene oder Kinder, der eine vom anderen unterscheidet. Wir alle, auch in unserer Eigenschaft als Eltern, haben ein Bild, ein Wunschbild von uns selbst, wie wir uns gern in einem Spiegel sehen würden. Dieses Wunschbild als Eltern wird zum einen von unseren Idealvorstellungen als Eltern, wie wir **sein** und unsere Kinder **haben möchten,** geprägt, zum anderen spiegeln sich in unserem Idealbild vom Kind unsere Erfahrungen aus unserer eigenen Kindheit wider: die Liebe, Fürsorglichkeit, Strenge, vielleicht auch Ablehnung die wir von unseren Eltern erfahren haben; die Erfüllung oder Nichterfüllung unserer materiellen und emotionalen Wunsche und Bedürfnisse.

Weniger ist mehr

Nicht vollgeräumte Spielregale im Kinderzimmer bieten Gewähr, daß diese kindlichen Bedürfnisse zu ihrem Recht kommen. Oft fühlen wir uns als Eltern insgeheim verpflichtet, – manchmal führt uns ein Schuldgefühl dazu – mit Materiellem, dem Kauf teurer Spielsachen etwa, den Mangel an Zuwendung auszugleichen. Schon allein die Auswahl unter der Vielfalt der Spielsachen im Kinderzimmer stellt für viele Kinder eine Überforderung dar. Scheinbar wahllos holen sie das eine heraus, beschäftigen sich oberflächlich für kurze Zeit damit und holen das nächste. Nicht die alleinige Beherrschung des Materials, sondern **das damit umgehen können,** darf Ziel für den Umgang mit Spielzeug sein. Die **kreativen** Gestaltungsmöglichkeiten mit diesem jedoch stellen die wahren Lernschritte für das Kind dar. Dadurch erst erfährt es, was es selbst machen kann. Weg vom Konsumspiel mit seinen eingeschränkten Möglichkeiten, hinführen zur eigenen Kreativität, muß die Devise sein.

Abbildung 1

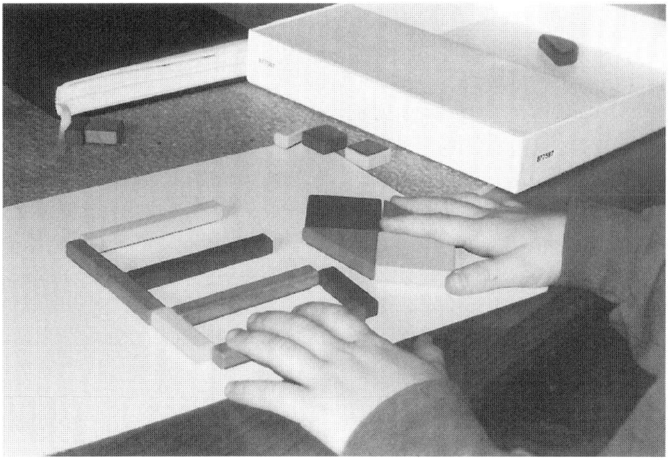

Abbildung 2

Dieses Hinführen, diese gemeinsamen Erlebnisse im Spiel stärken wiederum die Beziehung zwischen Kind und Eltern. Daß hierbei so manches Mal der Wunsch nach kreativen Erfolgserlebnissen mit der von den Eltern gewünschten „Ordnungsliebe“, die Entfaltung der eigenen Ideen mit der geforderten Gefügigkeit gewaltig in Konflikt geraten, wird häufig als Entgleisung, nicht aber als wichtiger Entwicklungsschritt zur Bildung eines gesunden Selbstbewußtseins gesehen. Beseelt von dem Wunsch, „mein Kind soll es einmal besser haben, als ich es als Kind hatte“, behindert Eltern ihr Kind damit eher, als es zu stützen.

Abbildung 3

Nach den Weihnachtsferien fragte ich zwanzig Vier- bis Achtjährige nach ihren Mal- und Zeichenaktivitäten während der Weihnachtsferien. Einmal wöchentlich das ganze Jahr über kamen sie in mein Kindermalstudio, um mit dem kreativen Umgang mit Farben und Stiften vertraut zu werden. Obwohl die hier verwendeten Malkästen und Stifte Eigentum der Kinder waren und jedesmal in die Malstunde von Zuhause mitgebracht wurden, berichteten vierzehn von ihnen, daß sie Wasserfarben Zuhause nicht benutzen dürfen. Sechs Buben und Mädchen war selbst der Umgang mit Farbstiften verboten. Als Grund hierfür wurde von den Müttern einstimmig Angst vor Beschmutzung der Wohnräume genannt.

Diese Erfahrung nahm ich zum Anlaß, die Mütter zum Mitmachen einzuladen. Bisher brachten sie ihre Kinder und holten sie nach einer Stunde wieder ab, häufig mit dem Entrüstungsausruf „Wie siehst du denn aus, so kann ich mit dir nicht auf die Straße gehen!". Erster Weg war dann zur Toilette, wo energisch den Malspuren an Händen und Gesicht zuleibe gerückt wurde.

Dieses Beispiel zeigt eine Form der elterlichen Erwartungshaltung an sich selbst. Sie erwarten, daß ihre Erziehung auch diese „Pflegeleichtigkeit" beinhaltet: daß das Kind möglichst wenig Schmutz verursacht, der Mutter also möglichst wenig Arbeit macht. Dankbar waren diese Mütter für alle Hinweise, wie durch sachgerechtes Herrichten der Umgebung, auch im familiären Umfeld dem Kind Gelegenheit gegeben werden kann, beispielsweise

- altes Hemd vom Vater als Schutz der Kleidung,
- großflächiges Abdecken des Untergrunds mit einer großflächigen stabilen Plastiktischdecke, möglichst einfarbig, damit Abfälle leicht sichtbar sind;
- Putzlappen und Küchenrolle für das Kind in greifbarer Nähe,
- zum Aufräumen werden die vier Tischtuchseiten in die Mitte geschlagen, dann die Tischdecke so klein wie möglich zusammengefaltet, zusammen mit dem darin enthaltenen Abfall weggetragen und dieser ordnungsgemäß entsorgt (vom Kind selbst).

Erst das eigene Mittun in der Malgruppe allerdings konnte so manche Mutter die hartnäckige Hemmschwelle überschreiten lassen und Beziehung zum kreativen Umgang mit Farben herstellen.

Die Bremse „Ungeduld"

Gerade in der Schule ist der Wunsch des „Besser-haben-sollens" unterschwellig häufig auch ein Wunsch des „Besser-sein-sollens". Selbst wenn das Kind freudestrahlend mit der Note zwei oder drei heimkommt und mit Recht ein Lob für seine Leistung erwartet, wird es nicht selten mehr oder minder deutlich auf die verpaßte Chance des Noch-besser-sein-könnens hingewiesen. Ungerechte Gewichtung erfahren hierbei die kognitiven Fächer gegenüber musischen und sportlichen Fähigkeiten. Die Erinnerung an eigene Schulleistungen stimmt wohl so manche zu leistungsbetonten und überehrgeizigen Eltern nachdenklich.

Wie wäre es denn um unsere Gesellschaft bestellt, wenn Fähigkeiten, Neigungen und Möglichkeiten wirklich so einseitig intellektuell und leistungsbetont ausgerichtet wären? So manches Kunstwerk könnten wir nicht bewundern, so mancher Musikgenuß bliebe uns versagt, so manche Sportleistung würde nicht honoriert.

Häufig wird kindlichen Unzulänglichkeiten mit **Ungeduld** entgegengetreten. Vergessen wird hierbei allerdings, daß ohne Üben kein Lernerfolg erwartet werden kann und daß wir Erwachsenen dem Kind mindestens zwanzig Trainingsjahre voraus haben. Gerade wegen dieser Unfähigkeit des Wartenkönnens berauben wir unsere Kinder vieler wertvoller Trainingsmöglichkeiten. Diese Ungeduld läßt leider auch viele kleine Erfolgsschritte unbeachtet. Diese beachtet und bewußt von uns wahrgenommen, würde für das Kind weitaus mehr Motivation bedeuten, als noch so gut gemeinte Belehrungen. Der Tag der ersten selbständigen Schritte wird stolz notiert. Wann aber konnte unser Kind erstmals ohne Hilfestellung stehen, die Tür allein aufmachen, Stufen sturzfrei bewältigen, den Löffel allein zum Mund führen?

Wie gern möchte das Kind der Mutter bei der Hausarbeit oder im Garten helfen, bei Vaters häuslichen Aktivitäten Partner sein. Natürlich bedeutet es zu dieser Zeit nicht unbedingt eine Hilfe, wenn Schaufel und Kehrbesen als Spielmaterial benützt, der Dreckhaufen wieder verteilt und nicht wie vorgesehen beseitigt wird; wenn statt dem Unkraut ein junges Pflänzchen herausgezupft wird. Die zusätzlich aufzuwendende Zeit, das noch zu bewältigende Arbeitspensum stehen im Vordergrund unserer Überlegungen und nicht der Trainingsspaß und spätere Lernerfolg des Kindes. Eine kleine Entschuldigung: Meist sind die Eltern in ihrem beruflichen Alltag übergroßem Druck ausgesetzt, den sie dann unbewußt auch über die häusliche Schwelle nehmen und damit in den Familienalltag tragen.

Abbildung 4

Abbildung 5

Aus dieser Ungeduld heraus entsteht leider nicht selten **Leistungsdruck.** Über dessen fatale Auswirkungen sind schon viele Zeilen geschrieben worden und noch immer ist kein Ende in Sicht! Als Beispiel für diesen Dauerbrenner sei hier nur der Notendruck in der Schule erwähnt. Doch meist tragen die Eltern den Druck, dem sie im beruflichen Alltag ausgesetzt sind, unbewußt selbst in ihre Familien hinein, mit dem Wunsch vielleicht, daß dieser Druck ihren Kindern später einmal erspart bleibt.

Angst ist nicht selten Mitverursacher dieses Drucks:

Angst die Aufgaben als Eltern nicht zu bewältigen –

Angst vor Mißerfolgen, auch in der Erziehung.

Angst aber auch vor Schaden, den das Kind erleiden könnte.

Diese Angst führt dann nicht selten zu einer Überbehütung, deren Folgen nicht minder schädlich sein können.

1.3. Erwartungshaltung des Kindes

Wenngleich markante Wesensmerkmale genetisch bestimmt sind, ist doch jedem Kind als elementares Bedürfnis mitgegeben, die Welt und sich selbst zu entdecken. Vom ersten Augenblick an hat das Kind den lebensnotwendigen Wunsch nach Kontakt. Genau betrachtet, sind alle Fähigkeiten, die das Überleben und eine gute Entwicklung sichern können, auf Herstellung und Austausch von Beziehungen gegründet. Das zentrale Thema kindlichen Lernens ist die Beziehung – ohne diese kümmert das junge Pflänzchen Kind dahin. Beziehungen aufzubauen bedeutet auch Emotion und Kommunikation; es erfordert vor allem die Fähigkeit, Zuneigung und Liebe zu erhalten und zu empfinden, aber auch Wut und Aggression zuzulassen.

Bedürfnisse

Viele Kinder sind einsam. Viele Eltern glauben, daß sie ihr Kind nur mit anderen Kindern zusammenbringen müßten, daß sich dadurch enge Beziehungen automatisch ergeben würden. Einzelkinder sind häufig einsam, vor allem wenn ihre Eltern keine Zeit für sie haben, sich ausreichend um sie zu kümmern. Aber auch Kinder mit Geschwistern können isoliert und einsam sein. Um eine Beziehung aufbauen zu können, muß ein Kind an sich selbst glauben können, ein Selbstwertgefühl entwickeln und erfahren, daß die Mitmenschen, vor allem seine Familie es akzeptieren, sogar lieben. Ein Kind, das sich wertlos und nicht liebenswert fühlt, wird Schwierigkeiten haben, von anderen Kindern und Erwachsenen akzeptiert zu werden. Kinder, die von ihren Eltern abgelehnt werden, haben diese zu Anfang intensiv geliebt, bis sie diese Ablehnungserfahrung dazu brachte, sich zurückzuziehen.

Abbildung 6

Hier das Durst- und Hungergefühl des Babys – dort die Flasche: Erst der Austausch mit der Mutter, das Geben und Nehmen, der liebevolle Blickkontakt sind ausschlaggebend für das wirkliche Gedeihen, für die Herstellung von Beziehungen. Dabei nimmt es seinem Alter entsprechend mit **allen Sinnen** wahr:

- **es ergreift** die Flasche und **begreift** so allmählich, daß damit sein Bedürfnis nach Nahrung befriedigt werden kann;
- **es sieht** das Gesicht der Mutter, wenn diese ihm die Flasche reicht; ihm zulächelt,
- **es hört** ihre Stimme;
- **es spürt** ihre wohltuende Nähe und Wärme.

Bereits im Laufe der ersten Wochen pendeln sich diese Bedürfnisse nach Nahrungsaufnahme, nach Wachsein, nach Ruhe, in einen bestimmten Rhythmus ein. Wenngleich die diversen Elternratgeber auf Normen bei der Nahrungsmenge, der notwendigen Schlafzeiten usw. verweisen, fordert die individuelle Uhr sogar schon beim Baby die Beachtung seiner ureigenen Bedürfnisse und Rhythmen.

> *Wie wird doch die Mutter beneidet, deren Kind ihr bereits in den ersten Wochen ungestörte Nachtruhe gestattet, während andere Babies bei gleichem Entwicklungsstand oft über Monate hinweg auch nachts lautstark ihr Bedürfnis nach Nahrung anmelden.*
>
> *Warum braucht beispielsweise der eine drei Monate alte Säugling nachts noch unbedingt die Flasche, während ein anderer gleichaltriger und gleichschwerer tief und fest seine zwölf Stunden durchschläft?*

Im Interesse eines guten Gedeihens fällt es uns im Kleinkindalter noch relativ leicht, auf diese zwar elementaren, aber doch schon sehr individuellen Eigenheiten einzugehen.

Wie aber sieht es hiermit bereits wenige Jahre später aus? Wie kommt jetzt die Individualität des Kindes zu ihrem Recht?

Beispielsweise

- wenn es selbst die Suppe löffeln will und dabei Kleidung und Umgebung in Mitleidenschaft zieht,
- wenn die Spielaktivitäten dem mütterlichen Sauberkeits- und Ordnungssinn entgegenstehen,
- wenn der Fünfjährige Zahlen und Buchstaben noch nicht so herunterschnurrt wie andere in diesem Alter,

– wenn es mit Mathematik- und Deutschnoten nicht so erwartungsgemäß brilliert, aber weitaus geschickter im Sportunterricht ist als die übrige Klasse,

und, und, und....

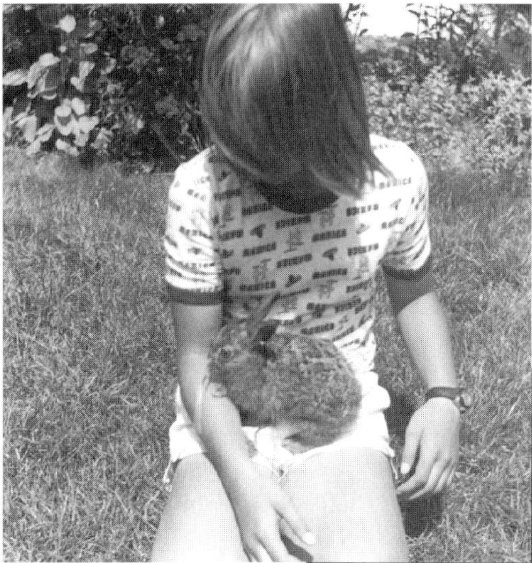

Abbildung 7

Abbildung 8

Sich selbst und die Welt entdecken – dieser Wunsch, dieses Bedürfnis, diese Selbstverständlichkeit, kommen dabei leider allzuoft viel zu kurz. Unser Erwachsenenstreben nach Perfektheit läßt dem Kind meist nur ungenügend Raum. Dem „Hilf mir, es **selbst** zu tun" wird jede Möglichkeit genommen, wenn wir zwar Aufgaben stellen, in unserer Ungeduld aber dem Kind nicht die Zeit zum selbständigen Lösen lassen und die Lösung praktisch gleich mitliefern.

> *Der dreijährige Heiner fügt seine neuen Legosteine für sein Alter schon sehr exakt zusammen und bald entstehen vier Mauern, die ein Haus andeuten sollen. „Schau, ich hab ein Haus gebaut", zeigt er voller Stolz dem Vater sein Bauwerk. „Das ist doch kein Haus", wird er vom Vater belehrt und aufgefordert, ihm die restlichen Legosteine zu bringen. Unter seinen geschickten Händen entsteht nun rasch ein richtiges Haus mit Fenstern, Türen, Dach und Schornstein; ein Prachtstück, das jedem Werbeprospekt zur Ehre gereichen würde. Während der Vater ihm noch ausführlich die notwendigen Bestandteile eines Hauses erklärt, schiebt Heiner das Haus achtlos und sichtlich uninteressiert beiseite. Enttäuschung zeigt jetzt auch der Vater, daß seine Zuwendung und Hilfestellung beim Kind so wenig Beachtung findet.*

War es zu diesem Zeitpunkt wirklich eine reale Hilfestellung für das Kind? Seinem Alter entsprechend nimmt das Kind ein Haus als Komplex mit den vier Wänden wahr. Die sogenannte Gliederungsfähigkeit, die ihm die Details Fenster, Türen, Dach usw. vermittelt, ist erst einem weiteren Entwicklungsschritt vorbehalten. Diesen aber ist das Kind offensichtlich noch nicht gegangen. Zu diesem Zeitpunkt wollte er auch gar keine Hilfestellung vom Vater; er wollte lediglich sein Werk zeigen und vielleicht ein Lob dafür erhalten.

2. Kinder erziehen uns

Ein immenses Angebot an sogenannten Erziehungshilfen versucht Eltern und Erziehern beizustehen: stapelweise Erziehungsbücher, kaum eine Zeitschrift, die nicht mit guten Ratschlägen aufwartet, dazu Rundfunk- und Fernsehbeiträge. Abgesehen davon, daß es in der Erziehung kein allgemein gültiges und auf jedes Kind anwendbares Rezept gibt, stellt schon allein die Fülle des Angebots eine Unmöglichkeit der Umsetzung in die Praxis, auf die jeweilige Situation, dar. Von

Christa Meves, der bekannten Kindertherapeutin und Autorin vieler Ratgeber stammt der Satz: „Erziehung braucht Menschen!“[2], das heißt Einfühlungsvermögen, Individualität und Flexibilität.

Dieses Buch möchte sich nicht einreihen in die vorerwähnte unüberschaubare Vielfalt, möchte also nicht „eines von vielen“ sein. Vielmehr möchte es Denkanstöße geben und Möglichkeiten aufzeigen, daß aus dem bisherigen Nebeneinander der familiären und institutionellen Erziehung ein reales Miteinander wird: daß das Kind in seiner individuellen Gesamtpersönlichkeit und nicht eine idealisierte pädagogische Wunschvorstellung im Mittelpunkt steht. Beispielsweise,

- daß wir Stärken auf nicht-kognitivem Gebiet (z.B. musische oder sportliche) im Rahmen der Gesamtpersönlichkeit ebenso beachten und akzeptieren wie ehrliche Bemühungen im klassischen Lernbereich, auch wenn dieser nun mal nicht gerade eine Stärke des Kindes darstellt,
- daß echte kindliche Bedürfnisse in der Gestaltung des Tageslaufs berücksichtigt und sinnvolle Möglichkeiten in der Familie geschaffen werden, diese auch durchzuführen – sei dies nun malen und basteln oder Befriedigung des Bewegungsdrangs.
- daß dem Kind auch die nötige Zeit hierfür eingeräumt und nicht in gutgemeinter Absicht die Freizeit per Terminkalender mit fremdgesteuerten Aktivitäten verplant wird,
- daß zwischen Eltern und Berufserziehern im Interesse des Kindes enge Kontakte, „Beziehungen“ entstehen,
- daß den Kindergartenalltag nicht nur der aufgestellte Tagesplan, sondern auch die Kreativität und Spontaneität bestimmt,
- daß aber auch Konsequenz ein wichtiger Part in der Erziehung ist, an dem sich das Kind orientieren kann,
- daß das Gespräch – zwischen Eltern und Kindern, zwischen Berufserziehern und Eltern – die Basis für Auseinander- und Durchsetzung bildet, nicht aber Gewalt,
- daß die Eltern Gelegenheit erhalten, ihr Kind auch außerhalb der Familie in seinem Agieren, in seinem Verhalten, seiner Durchsetzungsfähigkeit Gleichaltrigen gegenüber kennenzulernen und aktiv mitzuerleben.

---

[2] MEVES: „Erziehen lernen“, Herder-Verlag, Freiburg)

Selbstwertgefühl

Kinder, die ein gutes Selbstwertgefühl entwickeln können – das Gefühl wertvoll, akzeptiert und geliebt zu sein, egal wie sie aussehen und sich benehmen – fällt das Zurechtfinden in unserer aggressiven und häufig feindlichen Umwelt wesentlich leichter, als denjenigen mit einem schwachen Selbstbild. Ein gutes Selbstbild befreit von Angst und erlaubt, der Welt selbstsicher, gelassen und realistisch gegenüberzutreten.

Kinder mit einem schwachen Selbstbild werden von Freunden und Feinden gleichermaßen ausgenutzt, getreten, herumgestoßen und belächelt; fühlen sich selbst, egal wie sie aussehen, häßlich und dumm.

Die Hinführung zu einem „guten" Selbstwertgefühl ist keineswegs nur Aufgabe von Institutionen wie Kindergarten, Schule, Therapeuten. Es entwickelt sich vielmehr bereits vom ersten Lebenstag an, in einer Zeit also, da für ein gutes Gedeihen ausschließlich die Eltern, die Familie, zuständig sind. Hier brauchen naturgemäß Eltern, die auf diesem Gebiet aus ihrer eigenen Kindheit selbst ein Defizit mitbringen, Hilfestellung – je aktiver umso effektiver!

Individualität und „Rückgrat"

Schon bei der Geburt wird uns allen ein Paket mit kulturellen und gesellschaftlichen Erwartungen mitgegeben. Nur wenn wir der Individualität jedes Menschen, auch des kleinen Kindes, Rechnung tragen, erfüllen wir unseren Erziehungsauftrag. Erziehung braucht

- Menschen
- Rückgrat und eigene Meinung
- Disziplin im lehren, lernen und motivieren
- Nachgiebigkeit und Großmut, aber auch Konsequenz.

II. Der Einfluß der Institutionen auf die kindliche Entwicklung

1. Der Kindergarten

Spätestens ab dem vierten Lebensjahr, bald schon ab dem dritten, bestimmt für einen Großteil der Kinder der Kindergartenbesuch den kindlichen Alltag. Ab 1996 weist das neue Kindergartengesetz sogar einen Rechtsanspruch ab dem dritten Lebensjahr auf einen Kindergartenplatz aus. Einige Stunden täglich haben jetzt die Erzieherinnen / Erzieher die Gelegenheit, das Kind in seiner Eigenart, in seinen Stärken und Schwächen kennenzulernen und positiven Einfluß zu nehmen. Sie erleben das Kind in seinem „Ist-Stand“, wie es gerade gestimmt ist, wie es sich in die Gruppe einfügt, wie es Kontakte aufbaut, wie es in der Lage ist, die Förderangebote des Kindergartens anzunehmen, wie es die Erwartungshaltung des Kindergartens befriedigt.

Der Kindergarten ist eine ergänzende Einrichtung, den „Hauptpart“ in der Erziehung stellt die Familie dar. Die Medien bemühen sich auf vielfältige Weise, auf die veränderten und sich auch weiterhin verändernden Einflüsse auf die kindliche Entwicklung hinzuweisen. Dazu gehört bekanntlich vor allem das familiäre Umfeld und die Institutionen Kindergarten und Schule.

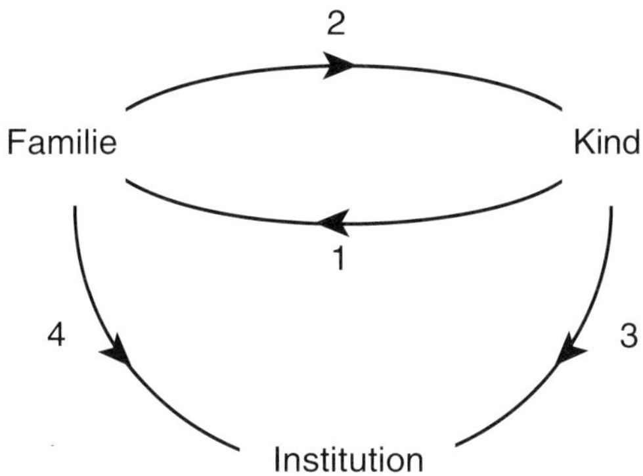

1 – Botschaft n. Beachtung (Anerkennung)

2 – erzieherische Maßnahmen

3 – Betreuung in Institution

4 – Erwartungshaltung

Gerade die ersten Lebensjahre sind richtungsweisend für eine gute Entwicklung. Deshalb darf sich im Interesse des Kindes der Kontakt nicht nur auf einseitige Anweisungen und Informationen beschränken. Vielmehr muß sich dieser zu einem sachlichen ideellen Geben und Nehmen, zu einer Gemeinsamkeit in den erzieherischen Bemühungen entwickeln.

Partnerschaft beinhaltet eine gegenseitige Hilfestellung, d.h. die Erzieher/Innen müssen sich dessen bewußt sein und die Eltern davon überzeugen, daß sie in ihrem professionellen Erziehungsbemühungen auf möglichst umfangreiche Informationen von seiten der Eltern angewiesen sind.

Anamnestische Daten beschränken sich meist auf die Entwicklungsschwerpunkte und -eigenheiten der Vergangenheit, beispielsweise wann lief das Kind, wann war es sauber, war es krank. Für ein umfassendes Kennenlernen des Kindes ist aber die Information über Bedeutsamkeiten seiner Gegenwart, seinem familiären Umfeld, wichtig, beispielsweise

- Wächst das Kind in einer kompletten Familie auf oder lebt es nur bei einem Elternteil? Ist die Mutter berufstätig? Wie alt sind die Eltern? Ist die Familie durch Krankheit oder Arbeitslosigkeit belastet?
- Ist es ein Einzelkind oder hat es noch Geschwister? Wie alt sind die Geschwister? Welche Stellung nimmt das Kind in der Geschwisterreihe ein?
- Welche anderen Personen (z.B. Großeltern, Tagesmutter) beeinflussen den Erziehungsalltag?
- Wie sind die Wohnverhältnisse? Hat das Kind ausreichend Platz zum Spielen? Lebt es in der Stadt oder auf dem Land? Hat es Freunde?
- Welches Spielzeug bevorzugt das Kind? Welchen Raum nimmt das Fernsehen ein?
- Wie stark ist das Bewegungsbedürfnis des Kindes? Wie wird es befriedigt?
- Welche Kurse oder Therapien besucht das Kind?

Gelingt es den Erzieher/Innen und den Eltern nicht, an einem Strang zu ziehen, ist der Erfolg des erzieherischen Bemühens sehr fraglich, kann die kurze Zeitspanne der Einflußnahme des Kindergartens (in der Regel maximal fünf Stunden pro Tag) gegenüber den übrigen Stunden in der

Familie nicht sehr wirkungsvoll sein. Ja es besteht sogar Gefahr, daß das Erreichte aus Unwissenheit wieder zunichte gemacht wird.

24-Stunden-Tag des Kindes

Uhrzeit	Tätigkeit des Kindes	Einflüsse
7	Aufstehen, Frühstück	wecken, anziehen
8	Weg z. Kinderg. etc.	Abschied, ausreichend Zeit
9	Kindergarten	Beziehung . Fachkraft, Gruppe
10	"	Leistungserwartung
11	"	Bereitschaft
12	"	
13	Heimweg, Mittagessen	wer ist Zuhause
14	Spiel	darf Kind allein gestalten
15	Besuche	Zeit fürs Kind
16	Kurse	wie oft wöchentlich
17	Fernsehen	Programm
18	"	Zeitumfang
19	Abendessen	fam. Atmosphäre
20	Zubettgehen	Fernsehen der Eltern
21	Schlaf	Geräuschkulisse i.d.Wohnung
22	Schlaf	Angst vor Alleinsein
23	"	wie gehen Eltern mit Angst um
24	"	Bettnässen?
1	"	Kind ins Bett der Eltern
2	"	
3	"	
4	"	
5	"	
6	"	

2. Die Schule

Nach dem bayerischen Schulgesetz hat die Schule sowohl einen Bildungs- als auch einen Erziehungsauftrag. Während mit zunehmender Klassenhöhe mehr und mehr die Ausrichtung nach Wissensvermittlung und Leistung strebt, bleibt andererseits der zweite Aspekt, die Erziehung, die Persönlichkeitsbildung auf der Strecke.

Jedes Kind will Leistung erbringen und freut sich über jedes Lob. Der Weg zur Leistungsbereitschaft und Leistungsfähigkeit führt nicht über die in Zahlennoten ausgedrückte Leistungsbeurteilung, sondern über vielfältige pädagogische Möglichkeiten, vor allem über die motivierende Ermutigung. Anzustreben ist hierbei ein individuelles Leistungsoptimum, aber nicht die maximale Leistungsfähigkeit. Beste Voraussetzungen bringt jedes schulreife Kind beim Schuleintritt mit: Freude am Lernen und ein stabiles Selbstvertrauen, das Geforderte zu bewältigen. Wertvolle Hilfe sind hier das Vertrauen und der gute persönliche Kontakt mit der Lehrerin/dem Lehrer und den Klassenkameraden.

Die Orientierungsbasis muß sein, jedes Kind da abzuholen, wo es mit seiner Individualität – seiner Leistungsfähigkeit, seiner Mentalität, seiner Herkunft – steht. Gerechtigkeit in diesem Sinn heißt auch nicht, jedem Schüler das Gleiche, sondern jedem das Seine zu geben. Dieser Erziehungsauftrag schließt auch die Rücksichtnahme auf langsamere und schwächere Schüler mit ein.

Die rapide Zunahme von Schulschwierigkeiten und Leistungsblockaden trotz ausreichender Intelligenz rücken allerdings den Verdacht nahe, daß dieser Grundsatz nicht ausreichend berücksichtigt wird. Ob nun die Klassenstärke, die primär leistungsgerichtete Lehrerausbildung oder das prägende familiäre Umfeld verantwortlich zeichnen, mag in diesem Zusammenhang dahingestellt bleiben. Bekanntlich führt schon allein die hohe Reizschwelle in der Klasse bei manchen Kindern zu einer Reizüberempfindlichkeit und damit verbundener erhöhter Ablenkbarkeit, die Konzentrationsstörungen und schließlich schlechte Leistungen zur Folge haben.

Um diesen Schwierigkeiten zu begegnen bzw. sie zu vermeiden, bedarf es umfassender Informationen über mögliche Hintergründe , d.h. intensiven und vertrauensvollen Kontakt mit den Eltern, der sich leider meist nur auf die Leistungsebene, die Bekanntgabe von Noten und dergleichen, beschränkt. Wichtig ist für den/die Lehrer/in von den Eltern zu erfahren, wie das Kind den Kontakt zu den Klassenkameraden empfindet, ob es Freunde hat, ob es sich ver- oder mißverstanden oder gar abgelehnt fühlt. Da das Kind von den Eltern lernt, übernimmt es auch deren Einstellung zur Schule, die im Falle einer zu hohen Leistungserwartung eine nicht zu unterschätzende Gefahr der Überforderung darstellen.

Wenn auch unterschiedliche Erziehungsstile von Eltern und Schule und abweichende Erwartungen an die Kinder immer noch Hemmschwellen darstellen, so kann die Schule ohne intensive und vertrauensvolle Zusammenarbeit mit den Eltern ihren Erziehungsauftrag nicht erfüllen.

III. Sind wir sensibel bei ersten Anzeichen von Schwierigkeiten?

1. Symptome

Symptome sind immer ein Fingerzeig, ein Aufmerksammachen auf ein Bedürfnis, auf entstehende oder bereits bestehende Schwierigkeiten. Erst wenn wir diese erkennen und beachten, führen sie uns zu den Ursachen, die vielleicht ganz woanders liegen können. Sie treten keineswegs als Keulenschläge auf, sondern schleichen sich meist als nicht ernst genommene Eigenheiten in den kindlichen Alltag, die dann häufig mit einem „das verwächst sich schon“ bagatellisiert werden. Von den Erziehern werden diese „Eigenheiten“ meist beschrieben wie trotzig, ärgerlich, reizbar, verzweifelt, streitsüchtig, unruhig, zieht sich zurück, kann sich nicht in die Gruppe einfügen usw.

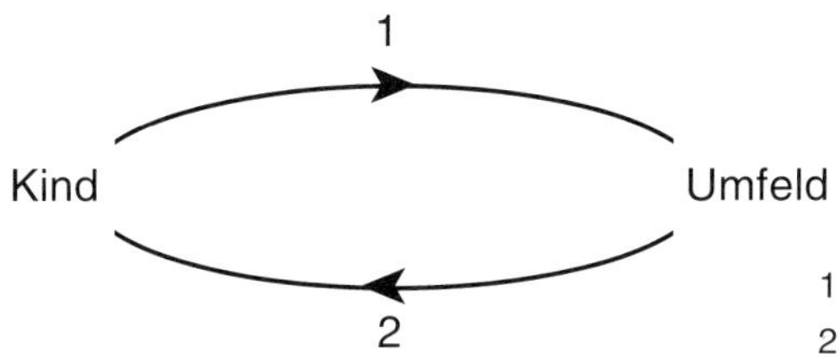

1 – auffälliges Verhalten
2 – erzieherische Maßnahmen

1.1 Im Kindergartenalter

Der erste Weg von Bernhard ist zur Bauecke. Peter und Michael können dort nicht schnell genug reagieren, als ihr Bauwerk von Bernhards Füßen mutwillig zerstört wird. Die nächste Zielscheibe, Gregors Legotisch, kann die Erzieherin gerade noch rechtzeitig schützen. Einfühlsam bietet sie Bernhard eine Beschäftigung an ihrem Tisch an. Wenngleich auch nicht jeder Tag so schlimm beginnt, so darf sie ihn als Fünfjährigen noch keinen Moment aus den Augen lassen,

„Könnte man nur die Reaktionen von den beiden, Bernhard und Hansi, miteinander mischen“, überlegt die Erzieherin, als sie Hansi beobachtet.

Er sitzt zwar vor einem Puzzle, wendet aber keinen Blick von der Tür, hinter der seine Mutter schon vor geraumer Weile verschwunden ist. „Gib mir noch ein Bussi", verabschiedet sie sich, bevor sie ein zweites Mal kommt und das in der Garderobe vergessene Pausentäschchen bringt – und dann noch ein drittes Mal, um ihm ein Taschentuch in die Hosentasche zu stecken.

Wenn auch auf den ersten Blick keine Schwierigkeiten zu erkennen sind, so ist doch sein Verhalten keineswegs altersgemäß: daß er als Fünfjähriger, wie jetzt am Puzzletisch, fast immer für sich allein spielt, daß er sich nicht in der Gruppe integrieren kann, daß er auch für sich die Gruppe nicht akzeptiert.

Andrea (sechs Jahre) wiederum pendelt während der Freispielzeit von einer Gruppe zur anderen, ohne sich irgendwo aktiv zu beteiligen. Mit Sicherheit ist sie immer dort zu finden, wo sich im Moment „etwas rührt". Sie ist auch immer die erste, die bei Aufforderungen wie Aufräumen, Abspülen etc. ihre sofortige Bereitschaft signalisiert.

Drei willkürliche ausgewählte Darstellungen von kindlichem Verhalten, denen bei flüchtiger Betrachtung nur gemeinsam ist, daß alle drei in einigen Monaten die Schulbank drücken werden. Mögen auch das aggressive Agieren von Bernhard, das einzelgängerische Verhalten von Hansi, das Überalldabeiseinwollen von Andrea, bei oberflächlicher Überlegung keine Gemeinsamkeiten erkennen lassen, so zeigen doch alle Drei Verhaltensweisen, die in ihrer weiteren Entwicklung zu Schwierigkeiten führen können; die einem guten Zurechtfinden später in der Schule im Wege stehen könnten. Dabei ist das geschilderte Verhalten in der Regel nicht im Kindergartenalltag begründet, sondern zeigt dort lediglich eine Symptomwirkung.

Was mag sich in Bernhards Zerstörungswunsch wohl entladen an Vorkommnissen beispielsweise beim Aufstehen, Frühstück, auf dem Weg zum Kindergarten, Auseinandersetzung mit der zur Eile mahnenden Mutter, Eifersucht auf Geschwister, die sich die nächsten Stunden nicht von der Mutter trennen müssen ...?

Wohl ist sich der Kindergarten in der Regel der Gefahr dieser Symptome bewußt. Meist jedoch fehlt die Möglichkeit, gezielt dagegen anzugehen, bevor sich diese zu konkreten Schwierigkeiten auswachsen. Allzuleicht ist man in dieser Zeit geneigt, dem Zuwarten den Vorrang zu geben in der Hoffnung, daß sich alles „verwächst". Gottlob ist dies auch meist der Fall. Zeigen sich jedoch später Schwierigkeiten, z.B. bei der Einschulung oder während der Schulzeit, ist die verstrichene Zeit leider unwiederbringlich.

Die Gründe für Schwierigkeiten können vielfältig sein und sowohl in der persönlichen Entwicklung des Kindes als auch in seinem Umfeld liegen: zum Beispiel Krankheit in den ersten Lebensjahren, persönlichkeitsbedingter verlangsamter Entwicklungsrhythmus, familiäre Besonderheiten (Scheidung der Eltern, Geburt eines Geschwisterchens); Erziehungsverhalten der Eltern (zu große Besorgtheit der Mutter, unterschiedlicher Erziehungsstil der Eltern, übergroße Leistungserwartung des Vaters oder der Mutter).

Die Ursache für diese aufgezeigten Beispiele Bernhard, Hansi und Andrea sind mit Sicherheit nicht in der eigenständigen Persönlichkeit des Kindes, vielmehr im prägenden Umfeld zu suchen. Es soll an dieser Stelle auch keine Diagnose erarbeitet werden. Ziel ist vielmehr eine Sensibilisierung für diese Gegebenheiten. Sensibilisieren will ich auch dafür, daß hier die Arbeit am Kind allein nur Stückwerk sein kann, wenn es nicht gelingt, den „Mitverursacher“, in der Regel die Familie, mit einzubeziehen. Allerdings weiß ich aus vielfältiger und langjähriger Erfahrung um die Schwierigkeit des Kindergartens, den Eltern im reinen Beratungsgespräch das Anliegen so zu überbringen, daß sie es auch in der Folgewirkung umfassend erkennen und annehmen können.

1.2 Beim Schulanfang

Der Übergang vom Kindergarten in die Schule ist sowohl für das Kind als auch seine Familie ein entscheidender Einschnitt, der prägend sein kann für das ganze Leben. Erste Erfolgs- oder Mißerfolgserlebnisse können darüber entscheiden, ob das Kind schulisches Lernen als Freude oder Last empfindet. Viele Kinder schaffen den Übergang vom Spiel- ins Lernalter ohne Schwierigkeiten, manche haben Mühe, sich im Schulalltag zurechtzufinden, und einige sollten aus verschiedenen Gründen noch nicht eingeschult werden, auch wenn sie altersmäßig in das 1. Schuljahr aufgenommen werden könnten.

Der Zeitpunkt der Einschulung ist bei uns in Deutschland durch Gesetz festgelegt. Er orientiert sich am Datum: Schulpflichtig ist, wer bis 30 Juni das 6. Lebensjahr vollendet. Die meisten Kinder schaffen den Übergang ohne größere Schwierigkeiten. Ein Teil aber – und die Zahl ist steigend – ist noch nicht soweit und tut gut daran, noch ein Jahr zu warten.

Gab es bisher für die Eltern nicht die Möglichkeit, ihr Kind in seiner Gesamtpersönlichkeit und auch außerhalb der Familie kennenzulernen, vielleicht kleine Unebenheiten bewußt zu erleben, fällt es ihnen jetzt besonders schwer, sich auf die neu auf das Kind zukommenden Anforderungen einzustellen und dem Kind geeignete Hilfestellung zu geben.

Bisher bestanden die Primärkontakte des Kindes mit seiner Familie und dem Kindergarten. In der Schule nun wird erstmals – im Gegensatz zu Familie und Kindergarten – (offiziell) eine gezielt leistungsorientierte Einstellung gefordert. Außerdem muß es sich in die Großgruppe (Klasse) einfügen und auf eine Auseinandersetzung mit Gleichaltrigen einstellen. Der/die Lehrer/in als neue Bezugsperson kann sich dem einzelnen Kind in der Regel emotional nicht mehr in der Intensität zuwenden, wie es bisher bei der Mutter und der Erzieherin im Kindergarten liebgewordene Gewohnheit war.

Selbst die große prallgefüllte Schultüte vermag Reinhards Miene nicht aufzuhellen, als seine Mutter, ihn mit festem Griff im Schlepptau, auf einen noch freien Platz im Klassenzimmer zusteuert. Kinder, die er seit langem vom Kindergarten her kennt, scheinen ihn heute keineswegs zu interessieren. Ähnlich unbehaglich ist auch Reinhards Mutter zumute, als sie zusammen mit den anderen Müttern von der Lehrerin nach einer kurzen Begrüßung verabschiedet wird. Nachdem Reinhard auch nach einigen Wochen immer noch tagträumerisch das Unterrichtsende erwartet und kaum zur Mitarbeit zu motivieren ist, entschließt sich die Lehrerin, den Eltern die Wiederausschulung zu raten. Schwer begreiflich ist es vor allem für den Vater, der ihn zu Hause als aufgeweckt munteres Kerlchen kennt, der ihm bei Bastelarbeiten brauchbar zur Hand geht, der mit ihm schon erste Rechenexempel absolviert.

War es bei Reinhard schon von Anfang an zu vermuten, daß seine innere Uhr noch nicht auf schulisches Zurechtfinden gestellt war, hatte die Lehrerin bei Michael gehofft, daß Konzentration und Ausdauer allmählich länger als bis zur Pause durchhalten würden. Am Ende der dreimonatigen Probezeit sieht sie auch hier noch ein Jahr zuzuwarten als die für das Kind beste Lösung.

Die Erfahrung zeigt, daß es mit der Zurückstellung von der Schule für ein Jahr allein nicht getan ist. Vielmehr braucht das Kind in dieser Zeit individuell auf seine Bedürfnisse abgestimmte Hilfestellung. Aber diese braucht nicht nur das Kind, diese brauchen auch die Eltern! Sehr oft bilden sich besonders bei der Mutter Schuldgefühle, inwieweit sie durch ihr Erziehungsverhalten zur Zurückstellung beigetragen hat. Sie erkennt zwar oft im Vergleich mit anderen Kindern den Entwicklungsrückstand, steht diesem aber nicht selten hilflos gegenüber.

1.3 Im Schulalter

Manchmal kann sich das Kind aufgrund seiner Intelligenz und Stabilität eine gewisse Reserve schaffen. Schwierigkeiten treten erst dann zutage, wenn die schulische Leistungsanforderung steigt oder das Kind sich auf eine neue Lehrerbezugsperson einstellen muß. Vielleicht hat die Entwicklung des Selbstwertgefühls, der Selbstverantwortlichkeit mit den gestellten Anforderungen nicht Schritt gehalten. Leistungsblockaden und Streßsymptome sind dann eine fast unausbleibliche Folge. Es kommt häufig vor, daß erste Anzeichen in ganz anderen Bereichen auftreten und deshalb nicht sofort ein Zusammenhang zu den eigentlichen Ursachen hergestellt werden kann.

Besorgt und überrascht sind Gabis Eltern, als sie, jetzt in der dritten Klasse, von der neuen Lehrerin über die auf einmal bedenklich nachlassenden Leistungen informiert werden. Manche Eigenarten versucht Frau E. als altersbedingte „Zickigkeiten" zu tolerieren. Erst nach dem Gespräch in der Schule wird der Mutter die Veränderung ihrer achtjährigen Tochter auch zu Hause bewußt: Morgens und mittags stochert sie appetitlos am Essen herum und erzählt seit einiger Zeit nichts mehr von der Schule. Sind dies wirklich Symptome nur mangelnder Leistungsbereitschaft? Gemeinsam versuchen nun die beiden Frauen Gabis Verhaltenseigenarten zu erkunden und möglichen Ursachen nachzuforschen. Kann vielleicht sogar der Firmenwechsel des Vaters mit der jetzt häufig berufsbedingten längeren Abwesenheit eine Rolle spielen oder der Wegzug ihrer besten Freundin, deren Platz in der Klasse neben ihrem eigenen immer noch frei ist?

2. Lernfähigkeit – Lernbereitschaft

Ohne Zweifel haben diese hier aufgezeigten Beispiele nichts mit der Intelligenz, der Lernfähigkeit, zu tun. Sind wir im Kindergartenalter noch geneigt, zuzuwarten in der Hoffnung, daß sich bis zum Schulanfang alles von selbst löst, werden schulische Schwierigkeiten ungerechterweise oft mangelnder Lernbereitschaft zugeschrieben. „Die Noten könnten bei mehr Einsatz wesentlich besser sein". „Er/sie könnte, wenn er/sie nur wollte", sind altbekannte alltägliche Schlagworte. Gerade aber jüngere Kinder lernen in erster Linie nicht des Wissens und Könnens wegen. Bei ihnen steht die Bezugsperson – in der Regel Eltern und Lehrer – im Vordergrund, deren Erwartungen sie nicht enttäuschen möchten. Ist diese Beziehung nun aber beeinträchtigt oder gar gestört, ist eine logische Folge, daß auch die Lernfähigkeit und -Bereitschaft darunter leidet. Dazu beitragen können beispielsweise in unseren Augen unbeachtete tägliche Banalitäten wie ein Sichzurückgesetztfühlen gegenüber Geschwistern oder Mitschülern, zu geringes Selbstbewußtsein und Selbstvertrauen, infolge Überbehütung nicht altersgemäße Lösung von der Mutter.

Berater und Psychologen sind sich hierin einig, daß zu hohe Anforderungen der Eltern eine der häufigsten Ursachen für schlechte schulische Leistungen sind. Mit diesem Leistungsdruck erreichen sie aber gerade das Gegenteil: Statt zu motivieren, blockieren sie ihr Kind.

Kann das Kind diese Erwartungshaltung nach **Leistung** nicht erfüllen, entstehen in ihm zwangsweise Schuldgefühle, die nun zusätzlich durch Vorwürfe wegen seines **Verhaltens** seitens der Eltern oder Schule noch verstärkt werden. Mit dem hierdurch hervorgerufenen Leistungsdruck kann ein Teufelskreis beginnen, aus dem sich das Kind nicht mehr aus eigener Kraft befreien kann. Diese sich im Laufe der Zeit weiter entwickelnden Schwierigkeiten bleiben aber nicht auf das Kind beschränkt.

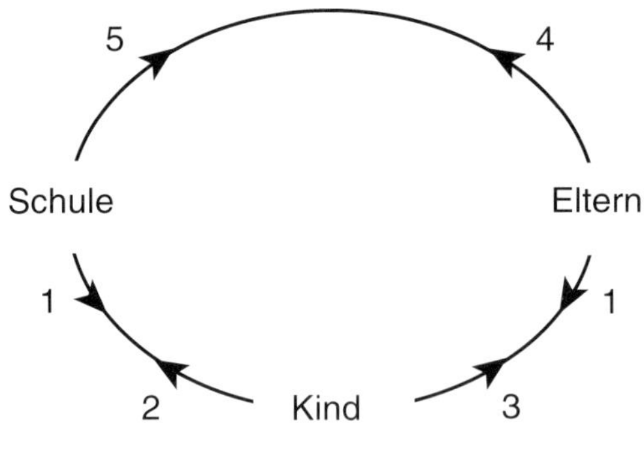

1 – Leistungserwartung
2 – Leistungdruck
3 – unbefriedigte Erwartungshaltung
4 – Lernauftrag
5 – Unterstützungserwartung

Die kindzentrierte Arbeit allein, also ohne Einbeziehung seines Umfelds, seiner Eltern, muß hierbei Stückwerk bleiben. Den Kontakt mit den Eltern gilt es nun von Seiten der Institutionen Kindergarten und Schule intensiv zu suchen. Das Beratungsgespräch ist zwar eine häufig praktizierte Möglichkeit, aber leider nicht sehr wirkungsvoll, nicht befriedigend in den Alltag umsetzbar. Gebraucht wird jetzt eine möglichst enge **aktive Zusammenarbeit** mit den Eltern, bei der diese einerseits die realen Fähigkeiten ihres Kindes kennenlernen, andererseits auf der Basis dieser Kenntnis auch die erhaltenen Anregungen in den Familienalltag umsetzen und somit die angebotene Hilfestellung des Berufserziehers eher akzeptieren können.

Es soll hier keineswegs der Eindruck einer Schuldzuweisung an die Bezugspersonen entstehen. Unbestritten, wie schon erwähnt, wollen die Eltern das Beste, ja das Optimale für ihr Kind. Sie allerdings kennen bei ihrem Kind nur das Verhalten im familiären Umfeld, was infolge der „Rückendeckung" durch die Familie ein ganz anderes Agieren (und auch mehr Selbstsicherheit) zuläßt, als ohne diesen Rückhalt. Eine ganz konkrete Hilfestellung bedeutet hierbei, daß die Eltern auch diese Auseinandersetzung mit dem außerfamiliären Bereich, mit der Leistungsanforderung kennenlernen, damit sie ihre Erwartungshaltung auf eine reale Basis, auf die wirklichen Fähigkeiten ihres Kindes einstellen können. Dadurch fühlt sich das Kind besser verstanden und wird freier. Der Druck läßt nach, und auch seine Leistungen bessern sich.

Bei Oliver, dem mittleren von drei Brüdern treten in der zweiten Klasse Lernschwierigkeiten auf: Daß seine Lehrerin zwar scherzhaft, aber doch vor der Klasse, so manches Mal bei ihm „zwei linke Hände" vermutet, bringt ihm den Spott seiner Klassenkameraden ein. Obwohl er beim Basteln und Stricken recht geschickt ist, hat er in der Schule Probleme mit dem Schreiben. Während ihm „eckige" Buchstaben und Striche ganz gut gelingen, fehlt ihm der Schwung und die Leichtigkeit für Rundungen. Eine in der ersten Klasse angefangene Ergotherapie wird von der Mutter, derzeit nicht berufstätige Lehrerin, als für seine Schulprobleme nicht erfolgversprechend gesehen und deshalb nach einigen Stunden bereits wieder abgebrochen.

Seit einiger Zeit zeichnen sich in der Schule leichte Differenzierungsschwierigkeiten bei Doppel- und Dehnlauten ab; er besucht deshalb seit zwei Monaten einmal wöchentlich die Legasthenie-Förderung. Trotz stetem Üben seiner Schwächen bleibt ein sichtbarer Erfolg bisher aus. Verständlicherweise sind alle Beteilig-

ten darüber unzufrieden: Die Mutter äußert ihre Befürchtung, daß er im Gegensatz zu seinem älteren Bruder den Übertritt ins Gymnasium nicht schaffen würde. Die Therapeutin intensiviert das Üben. Oliver besucht deshalb nur noch mit großem Widerstand die Übungsstunde.

Könnte eine aktive Zusammenarbeit zwischen Mutter und Therapeutin und eine gute Kooperation mit der Lehrerin hier den Druck von Mißerfolg und Üben etwas nehmen, dadurch die verkrampfte Muskulatur entlasten und vielleicht den Schwung beim Schreiben zulassen? Die Übungsmöglichkeiten hierfür sind geradezu unbegrenzt. Das Einbinden seiner Stärken – bekanntlich bastelt er gern – ein Eingehen auf seine Wünsche, könnte sicher seinen Widerstand abbauen und zum „Üben" motivieren.

Untersuchungen des Max-Planck-Instituts haben aufgezeigt, daß bei Grundschülern die Eltern in der Regel über Leistungserwartungen durch Noten nahezu perfekt informiert sind. Bei nicht schulbezogenen affektiven Kindermerkmalen wie Selbstvertrauen und seelische Stabilität ist eine objektive Erkennung und Beurteilung jedoch relativ gering[3],

Der „rote Faden" bei Schulschwierigkeiten

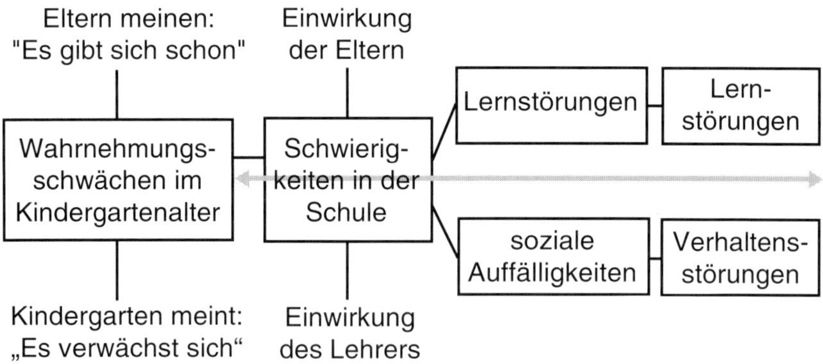

---

[3] MAX-PLANCK-NSTITUT F. PSYCHOLOGISCHE FORSCHUNG, München, 10/91: „Sind Mütter gute Diagnostiker ihrer Kinder?"

IV. Die Eltern

1. Belasten Schwierigkeiten des Kindes auch die Eltern?

Immer wieder hören und lesen wir von kindlichen Schwierigkeiten und wie diese einer guten Entwicklung hemmend im Weg stehen. Viel zu wenig Augenmerk aber wenden wir den Eltern zu, wie es um sie steht, wenn sie erkennen oder darauf hingewiesen werden, daß sich bei ihrem Kind Schwierigkeiten anbahnen könnten oder bereits bestehen. Oft beschuldigen wir die Eltern zu Unrecht, weil wir weniger erkennbare, aber folgenreiche Umstände nicht kennen, nicht beachten oder gar übersehen.

„Mangelnde Schulfähigkeit und Sprachentwicklungsverzögerung" ist die Diagnose, die Zurückstellung von der Schule und die Aufnahme in den Schulkindergarten für die sechsjährige Hanna begründet. In steter Gleichförmigkeit wird sie jeden Morgen vor der Mutter her quer durch den Raum des Schulkindergartens zu meinen Platz geschoben. Ohne mich anzusehen, ohne ein Wort, wohl auf vorherige Anweisung der Mutter, streckt sie mir die Hand zum Gruß hin. In ebendieser Gleichförmigkeit nimmt sie sich dann jeden Tag aus ihrer Schublade Blätter und Farbstifte und setzt sich allein an einen Tisch.

Als ich nach ein paar Wochen ihre Zeichnungen näher betrachte, stelle ich überrascht fest, daß der Stapel Bilder sich zwar

geringfügig in der Farbwahl unterscheidet, von der thematischen Gestaltung aber eines dem anderen gleicht: Ein riesiger Mann beherrscht das Blatt, daneben, deutlich kleiner, ein zweiter, in der unteren Blattecke zwei winzig kleine Figuren. Wenngleich die zeichnerische Differenzierungsfähigkeit nicht der Altersnorm entspricht, ist doch zu erkennen, daß diese Größenverhältnisse nicht Zufallsergebnisse darstellen. Nachdem das Kind nicht auf meine Fragen reagiert, versuche ich im Gespräch mit der Mutter das Motiv der Zeichnungen zu ergründen, aber auch ohne Erfolg. Daß Hanna noch einen elfjährigen Bruder hat und die Familie im Haus der Großeltern väterlicherseits wohnt, wußte ich bereits seit dem Erstgespräch mit der Mutter, bei dem sie auf Frage auch Einvernehmen mit den Großeltern äußerte.

Immer wieder versuche ich über die Zeichnungen mit Hanna ins Gespräch zu kommen. Eines Tages kommt dann plötzlich „Opa" über ihre Lippen, während sie auf die dominante Gestalt auf dem Blatt zeigt. Allmählich erfahre ich, daß das zweite Männchen ihren Bruder darstellt und mit den winzigen Figuren die Mutter und sie selbst gemeint sind. In einem ausführlichen Gespräch mit der Mutter bricht diese plötzlich in Tränen aus und berichtet vom tyrannischen Verhalten ihres Schwiegervaters allen weiblichen Familienmitgliedern, besonders ihr gegenüber. „Weiber sind dumm und nur für niedere Dienste da", äußert er seinen Standpunkt, den auch schon der Bruder seiner Schwester gegenüber übernommen hat. Über den zufällig entdeckten „Hilfeschrei" des Kindes und vielen Gesprächen konnte schließlich die Verbindung zu einer Familienberatung hergestellt werden.

1.1 Die Mutter

Gerade bei der Mutter als engster Bezugsperson entstehen nicht selten **Schuldgefühle,** inwieweit sie durch ihr Erziehungsverhalten diese kindlichen Schwierigkeiten hätte vermeiden können.

Noch nie war es so selbstverständlich wie heute, daß für ein Mädchen Berufsausbildung oder Studium – also eine eigenverantwortliche Zukunftssicherung – den ersten Stellenwert einnimmt. Das Erziehungsziel früherer Generationen, die Vorbereitung auf die spätere Hausfrauen- und Mutterrolle, läuft, wenn überhaupt, „zweitrangig nebenher". Bevor sie also in den „Zweitberuf" Mutter einsteigt, hat sie sich beruflich bereits etabliert und ihre Position gesichert. Ist es verwunderlich, wenn ihr jetzt hier in ihrem neuen Aufgabenfeld manchmal die Sattelfestigkeit fehlt und, gerade wenn Schwierigkeiten beim oder mit dem Kind auftreten, Schuldgefühle aufkommen?

Noch nie war es aber auch so selbstverständlich, daß sich in den ersten Lebensjahren die mütterliche Fürsorge so ausschließlich **einem** Kind zuwendete. Wenn auch die Mütter früherer Generationen ihre Kinder nicht weniger liebten, nicht weniger um ihr Wohl besorgt waren, mußten sie diese Zuwendung doch in der Regel auf mehrere Kinder verteilen. Wasch- und Spülmaschine waren Mutters Hände, die dadurch weniger Zeit hatten, dem Kind Handgriffe abzunehmen und deshalb ihre Kinder auch nicht von notwendigen eigenen Erfahrungen auf dem Weg zur Selbständigkeit fernhalten konnten.

Heute bedeutet die Sorge um das Wohl des Kindes – häufig des einzigen – oft Lebensinhalt und ausschließlichen Mittelpunkt für die Mutter, für den sie sogar den geliebten Beruf aufgegeben hat. Teilweise muß sie dem Kind auch noch den Vater ersetzen, dem – wenn überhaupt verfügbar – wegen beruflicher Überbeanspruchung zu wenig Zeit für die Familie bleibt. Stolz ist die Mutter darüber, daß in der Regel sie es ist, die dem Kind die ersten Grundlagen zur Selbständigkeit vermittelt. Da ist es doch nur verständlich, wenn die Mutter Angst hat, diesen „Lebensinhalt" zu verlieren, daß die Nabelschnur zu ihrem Kind ein zweites Mal durchtrennt wird.

Wir hören auf, das Kind mit all seinen Bedürfnissen wirklich zu verstehen, wenn wir die Bedeutung der Mutter/Kind-Beziehung außer Acht lassen. Neun Monate innigster Bindung der Erwartung, die Befriedigung und Freude, für das noch völlig auf ihre Hilfe angewiesene Baby zu sorgen, bilden diese enge Beziehungsgrundlage. Problematisch kann es aber werden, wenn das Kind größer wird und seine eigene Identität entwickeln möchte. Schwierigkeiten sind dann vorprogrammiert, wenn im Kindergartenalter neue Bezugspersonen ins Leben treten, wenn der Tagesablauf ihres Kindes nicht mehr nahtlos überschaubar, von ihr zu organisieren und vielleicht auch zu kontrollieren ist. Diese Ablösung von der Mutter, für eine gute kindliche Entwicklung eine notwendige Selbstverständlichkeit, löst insbesondere bei unsicheren Kindern häufig ernstzunehmende Ängste aus.

In übergroßer Besorgtheit um das Wohl ihres Kindes tut manche Mutter des Guten zuviel. Sie möchte es vor allen Gefahren bewahren, jede Enttäuschung von ihm fernhalten. Doch diese Übungsschritte sind wichtig für die Entfaltung der kindlichen Selbständigkeit.

Schuldgefühle entstehen nicht selten auch bei der **alleinerziehenden bzw. berufstätigen Mutter.** Oft schon bald nach der Geburt ist sie gezwungen, während ihrer Arbeitszeit das Kind in fremde Obhut zu geben. Die Befriedigung des kindlichen Zuwendungsbedürfnisses fällt dann vielfach auch noch den häuslichen Pflichten der Mutter zum Opfer.

1.2. Der Vater

Nicht selten wird dieser mütterliche Leidensdruck noch be- und verstärkt durch Vorhaltungen des Vaters, wenn nicht alles nach seinen Vorstellungen abläuft. Wandlungen in der Gesellschaftsstruktur haben ebenfalls die Vaterrolle im Vergleich zu früheren Generationen verändert. Mögen auch Untersuchungen in den letzten Jahren eine gewisse Austauschbarkeit der Vater- und Mutterrollen aufzeigen, bleiben doch Empfinden und Funktion des Vaters und der Mutter andersgeartet. Wenn auch die ehemals autoritär geprägte Vaterfigur sich allmählich in eine gefühlsgesteuerte Partnerschaft innerhalb der Familie wandelt, so erzwingt doch schon meist der berufliche Alltag eine Rollenzuweisung. So wünschenswert die unmittelbare Zuwendung zu seinem Kind ist, uneingeschränkt austauschbar sind die Elternfunktionen nur in Ausnahmefällen.

Schon allein die meist strikte räumliche und zeitliche Trennung erlauben der Familie nur einen vagen Einblick in Vaters beruflichen Alltag mit den damit verbundenen körperlichen und geistigen Anforderungen. In viel stärkerem Maße als allgemein angenommen, bringt er im Berufsleben neben seinen Fachkenntnissen auch seine Gesamtpersönlichkeit ein, ja er wird in seiner Leistungsfähigkeit von seiner Familie sowohl positiv als auch negativ beeinflußt. Hat sein Kind Probleme, beschäftigt dieses Thema ihn auch sicherlich während der Arbeitsstunden und beeinflußt mehr oder weniger seine eigene Leistungsfähigkeit. Dies macht auch verständlich, wenn er umgekehrt Gefahr läuft, seine berufliche Verantwortung und Leistungsanforderung unbeabsichtigt in ähnlicher Weise auch auf seine Familie zu übertragen und weiterzugeben. Nicht selten wird er dadurch ungewollt sogar zu einem Mitverursacher oder gar Verursacher von Schwierigkeiten in der Familie: Eine danebengeratene Schulleistung seines Sprößlings bedeutet noch lange nicht Faulheit oder gar ein erstes Anzeichen des Scheiterns; ein flegelhaftes Verhalten bedeutet keineswegs den ersten Schritt auf die schiefe Bahn.

Der Vater stellt insbesondere für den Sohn eine Identifikationsfigur dar. Gibt dieser nun zu erkennen, daß er sich enttäuscht fühlt, daß seine väterlichen Erwartungen nicht erfüllt werden, wird das kindliche Selbstbild sehr infrage gestellt, ja es kann soweit führen, daß der Sohn sich lebenslang als Versager empfindet. Eine kleine Hilfestellung bietet hier das gelegentliche Erinnern an die eigene Kindheit, an die sogenannten Lausbubenstreiche, das Schmökern in den eigenen Schulzeugnissen! Auch Mütter verdienen es nicht, zum Sündenbock für das Verhalten der Kinder gestempelt zu werden.

Leider viel zu selten kann der Vater bei seiner Familie sein. Schon deshalb bleibt ihm die direkte Kenntnis das Kind prägender Alltagssituationen verwehrt. Um wieviel schwieriger vermag ein solcher Vater bei auftretenden kindlichen Problemen Hintergründe und Ursachen zu erkennen und somit diesen einfühlsam und wirkungsvoll begegnen.

1.3 Die Ein-Eltern-Familie

Ein weiterer wesentlicher familialer Wandel von ganz entscheidender Bedeutung für die kindliche Entwicklung ist die Ein-Eltern-Familie. Die „Würde", vor allem aber auch die „Bürde" der Erziehungsverantwortung liegt bei diesem Elternteil, bei dem das Kind lebt. Die Sorge um das leibliche Wohl, die Entscheidung über Schullaufbahn etc., die Rechtfertigung, wenn nicht alles wie am Schnürchen läuft...: alles lastet auf Mutters oder Vaters alleinigen Schultern. Ist hier das ganzheitliche Kennen der kindlichen Stärken und Schwächen nicht besonders wichtig?

Die Thematik der Ein-Elterfamilie ist in ihrer Komplexität allerdings so vielschichtig, daß ein näheres Eingehen darauf diesen Rahmen bei weitem sprengen würde. Ihr widmen sich so vielfältige Veröffentlichungen, daß an dieser Stelle der bloße Hinweis als ausreichend erscheint.

Schlagzeilen wie „Eltern schuld am Schulversagen" sind an der Tagesordnung. Es ist ungerecht, ihnen lediglich den „schwarzen Peter" zuzuschieben. Sie, die den Existenzkampf täglich hautnah erleben, wollen doch nur das Beste für ihre Kinder, daß sie der Härte des Berufsalltags einmal besser gewappnet sind als sie selbst.

2. Warum aktive Hilfestellung auch für die Eltern?

Aktive Hilfestellung brauchen bei auftretenden Schwierigkeiten also nicht nur die Kinder, sondern in ganz besonderem Maße auch deren Eltern, vor allem die Mütter. Auf sie ist in diesem Sinn das geflügelte Wort anzuwenden: „Wenn es dem Kind gutgeht, geht es auch der Mutter gut."

Alle Institutionen des Kindergartens, der Schule und der schulvorbereitenden Einrichtungen arbeiten ausschließlich kindzentriert, das heißt, eine Einbeziehung der Eltern in den Gruppen- und Schulalltag ist nicht möglich und auch nicht vorgesehen. Eine Hilfestellung erhalten die Eltern lediglich außerhalb der Spiel- und Unterrichtszeiten auf der Basis verbaler Informationen. Ihre Bedürfnisse nach pädagogischer Orientierungshilfe können daher nur zum Teil befriedigt werden.

Sicher würde im pädagogischen Alltag die aktive Einbeziehung **aller** Eltern den Rahmen des Möglichen sprengen. Bei auftretenden oder sich abzeichnenden Schwierigkeiten aber ermöglicht dieses Dabeisein ein direktes Kennenlernen der kindlichen Verhaltensweisen in der Gruppe, sich auf daraus resultierende Störungen einzustellen und diesen wirkungsvoll zu begegnen.

Mehrmals versucht der Kindergarten, Frau K. im Gespräch aufzuzeigen, daß Bernhards aggressives Verhalten den anderen Kindern gegenüber nicht altersgemäß sei und daß gemeinsam nach dessen Ursachen geforscht werden müsse, daß auch zu überlegen sei, ob mit der Einschulung besser noch ein Jahr gewartet wird. „Strengeres Anfassen ist bei dem Bengel nötig", ist die erste Reaktion der Mutter. Bei einem weiteren, von der Mutter widerwillig geführten Gespräch weist sie gar dem Kindergarten die Schuld für Bernhards Verhalten zu. „Immer wird auf meinem Kind herumgehackt, die anderen Kinder sind auch keine Engel", ist ihr Argument. „In der Schule wird es dann schon klappen": Damit ist für sie das Thema beendet.

Auch Hansis Mutter versucht die Erzieherin zu beschwichtigen: „Ich war auch ein sehr schüchternes Kind und brauche auch heute noch keine Freundschaften". Daß Hansi Einschulungsschwierigkeiten bekommen könnte, weist auch sie als vollkommen unbegründet zurück.

Die Lehrerin der dritten Klasse drückt in der Elternsprechstunde Frau B. gegenüber ihre Besorgnis über Tinas inaktive Mitarbeit aus. Ihre Tochter sei zwar brav und fleißig, habe aber eine große Scheu vor allem Neuen. Nicht selten fließen Tränen bei der Ermunterung, etwas zu wagen oder auszuprobieren – sogar beim Sport. Kaum zu glauben für die Mutter, die ihr Kind als Zuhause lebhaftes aufgewecktes Kind schildert. Selbstverständlich sitze sie jeden Nachmittag bei den Hausaufgaben neben ihrem Kind, sie fühle sich verantwortlich, daß die Hausaufgaben ordentlich und richtig gemacht werden, beantwortet sie nicht ohne leichten Stolz die Hausaufgabenfrage. Allerdings reiße dabei schon manchmal der Geduldsfaden – sowohl bei Mutter als auch Tochter – wenn diese zu lange dauern oder nicht sofort zu Mutters Zufriedenheit ausfallen.

Kann sie wirklich Tina die ***alleinige*** *Bewältigung der Hausaufgaben zutrauen, wozu ihr die Lehrerin dringend rät? Seit sie bei Tinas Geburt ihren Beruf aufgab, gilt ihr ganzer Lebensinhalt dem guten Gedeihen ihrer Tochter. Sie ist verständlicherweise ängstlich darauf bedacht, jede Gefahr und jede Enttäuschung von ihrem einzigen Kind fernzuhalten und jede Unzulänglichkeit wie beispielsweise eine fehlerhafte und unordentliche Hausaufgabe zu vermeiden.*

Diese Übungsschritte aber sind wichtig für die Entfaltung der kindlichen Selbständigkeit. „**Wir** sitzen bei den Hausaufgaben“, berichtet die Mutter. Sind es die Hausaufgaben des Kindes oder der Mutter? Nur die **selbständig** gemachte Hausaufgabe – auch wenn sie nicht ganz den perfekten Vorstellungen der Mutter entspricht – zeigt der Lehrerin, ob das Kind das Gelernte beherrscht. Greift hier nun die Mutter helfend, überwachend oder korrigierend ein, beeinträchtigt sie zum einen Selbstbewußtsein und Selbständigkeit des Kindes, zum anderen erhält die Lehrerin unter Umständen ein gefährlich falsches Bild vom Wissensstand des Kindes.

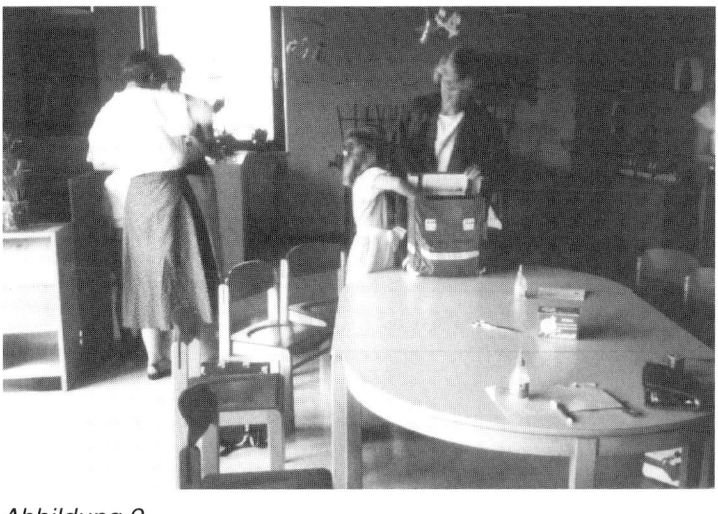

Abbildung 9

Der Wunsch der Eltern, daß das Kind die schulischen Anforderungen optimal bewältigt, ist nur zu verständlich. Gottlob aber hat der Schöpfer unsere Fähigkeiten nicht einseitig verteilt. Die individuelle Persönlichkeit, die ja das Kind bereits mitbringt, weist Stärken und Schwächen auf, die es zu entdecken gilt. Gerade zum Entwicklungsschwerpunkt in den ersten Lebensjahren ist es besonders für die engsten Bezugspersonen, in der Regel die Eltern, wichtig, das Kind in seiner **Gesamtpersönlichkeit** kennenzulernen. Besondere Bedeutung kommt hier dem Kindergarten zu, in dem das Kind sich erstmals außerhalb des gewohnten „gesicherten" Familiennests zurechtfinden muß. Bekommt nun hier die Mutter Gelegenheit, erste Hürden oder auftretende Schwierigkeiten wie beispielsweise Bernhards, Hansis und Andreas Verhaltensweisen persönlich mitzuerleben, findet sie dafür mit Sicherheit mehr Verständnis, als im lediglich aufgezeigten reinen Beratungsgespräch. Zu dieser Zeit kann die Mutter gemeinsam mit dem Kindergarten, ohne noch dem schulischen Leistungsdruck ausgesetzt zu sein,

- nach möglichen Ursachen forschen,
- auf diese individuellen Bedürfnisse eingehen,
- behutsame Lösungsschritte suchen
- dadurch so manche vielleicht später in der Schule auftretende Schwierigkeiten vermeiden.

Aktive und **regelmäßige** Einbeziehung der Eltern, besonders der Mutter, über einen längeren Zeitraum bedeutet jedoch nicht nur Hilfestellung. Es gibt auch die Möglichkeit, das Kind in seinem Agieren außerhalb der Familiengemeinschaft kennenzulernen: wie es sich in der Gruppe zurechtfinden kann, wie es Schwierigkeiten ohne die Rückendeckung durch die Familie zu meistern vermag. In diesem Fall ist es im Vergleich zu den Institutionen allein die Mutter, die ihr Kind umfassend kennt und somit am ehesten die Ursache bei auftretenden Schwierigkeiten aufzeigen und gemeinsam mit der Erzieherin eine Lösung finden kann.

3. Sozialer Aspekt der unterschiedlichen Familienstrukturen

Dieses ganzheitliche Kennenlernen der kindlichen Persönlichkeit in den ersten Lebensjahren und das Bewältigen von Schwierigkeiten in dieser Zeit erleichtert es auch, auf später auftretende Probleme, in der Schule, beim Lernen, in der Pubertät, bei der Berufsfindung einzugehen. Vielleicht kann dadurch sogar das eine oder andere Kind vor dem Einstieg in Drogen oder Kriminalität bewahrt werden.

Untersuchungen der Universität Bielefeld haben aufgezeigt, daß jedes 3. Kind Medikamente nimmt. Es soll hier keineswegs die lebenserhaltende oder im Akutfall die Gesundheit wiederherstellende medikamentöse Versorgung angesprochen oder gar angezweifelt werden. Vielmehr sollen Denkanstöße gegeben werden, ob die in der Werbung angepriesenen „Wundermittel" die Schulleistungen wirklich verbessern, die Unruhe eines „Zappelphilipps" beseitigen können, ohne schädliche Nebenwirkungen hervorzurufen.

Beunruhigt und selbst zweifelnd erzählt eines Tages Frau M. im Müttergespräch der Eltern/Kind-Gruppe, daß ihr geraten wurde, ihrem sechsjährigen Sohn Peter ein leichtes „harmloses" Beruhigungsmittel zu geben, um ihm zu mehr Ausdauer zu verhelfen, denn mit „mangelndem Durchhaltevermögen" ist auch seine Zurückstellung begründet.

Wir erleben Peter in der Gruppe, daß er bei keiner Tätigkeit bis zum Ende bleiben will. Wir erleben aber auch seine Mutter, wie sie alles, was Peter angefangen hat, zu verbessern sucht und – zwar gut gemeint – keines seiner „Werke" so akzeptiert, wie er es allein fertigbringt. Sofort greift sie zur Schere und schneidet für ihr Empfinden nicht exakt genug geschnittene Linien nach, zeigt ihm auf, wo und was er hätte besser machen können. Im gemeinsamen Gespräch machen wir der Mutter ihr Verhalten bewußt, daß dies vielleicht Mitverursacher für das nicht befriedigende Durchhaltevermögen sein kann; daß das Kind es als Ausweichstrategie benützt, um der erwarteten Kritik zu entgehen.

Die Mutter geht darauf ein und gibt sich große Mühe, Peter künftig so wenig wie möglich zu verbessern. Gemeinsam in der Gruppe vermitteln wir ihm das Gefühl, daß er es kann. Mit zunehmender Sicherheit wächst seine Ausdauer und weicht die Unruhe.

3.1 Individuelles Eingehen auf unterschiedliche Sozialstrukturen hilft den Weg finden

Bezugspersonen **arbeiten** mit den Kindern – Eltern **leben** mit ihren Kindern!

In jeder Institution, in der sich mehrere Kinder gleichzeitig einfinden, müssen Richtlinien beachtet und befolgt werden – in der lernorientierten Schule noch weitaus mehr als in dem auf soziale Erfahrungen ausgerichteten Kindergarten. Ohne diese allerdings wäre ein ordnungsgemäßer Ablauf nicht möglich. Das heißt also: Alle Kinder, gleich aus welchem Elternhaus, welcher Sozialschicht sie kommen, gleich, welche Bedürfnisse sie mitbringen, sie alle müssen sich am gleichen Ziel orientieren, in gleicher Weise ihre Pflichten erfüllen. Die Unterschiedlichkeit der Erfahrungen und Fähigkeiten, die Individualität des einzelnen Kindes, steht im direkten Zusammenhang mit dem prägenden Umfeld, das bereits in mehreren vorhergehenden Abschnitten angesprochen wurde. Bei dieser Vorgehensweise ist wohl nicht zu vermeiden, daß es zu Ungerechtigkeiten in der Beurteilung des einzelnen Kindes kommen kann. Beurteilt und gewürdigt wird nur das Resultat, das „Ist". Der Weg dorthin, das individuelle Bemühen des Kindes, die Vorteile einerseits durch ein die Entwicklung förderndes, die Nachteile andererseits durch ein reizarmes Elternhaus bleiben meist unberücksichtigt.

Es liegt nun mehrere Jahre zurück: Bianca wollte der Rektor bei der Einschreibung gar nicht erst für ein Jahr zurückstellen, sondern sofort die Einschulung in die Sonderschule „L" veranlassen. Die Eltern, durch eigenes anregungsarmes Elternhaus und verschiedene Schicksalsschläge an den Rand der Asozialität gedrängt, konnten nicht verhindern, daß die örtliche Grundschule drei der fünf älteren Geschwister Biancas in früheren Jahren bereits an die Sonderschule abgab.

Als Glücksfall war es zu sehen, daß mit Biancas Einschulung erst die nötige Kinderzahl erreicht wurde, um eine weitere erste Klasse in der Grundschule zu bilden. Ein Glücksfall war auch die Lehrerin, die sehr auf die Bedürfnisse der schwächeren Kinder einzugehen verstand; die geringe Klassenstärke gab ihr auch die Möglichkeit dazu. Heute besucht Bianca die Abschlußklasse der Realschule.

3.2 Integrationshilfe für behinderte Kinder

Teilweise große Verunsicherung herrscht immer noch bei der Frage, ob überhaupt bzw. bis zu welcher Beeinträchtigung behinderte Kinder in Regeleinrichtungen integriert werden können. Auch bei diesen Kindern ist das vorrangige Erziehungsziel, sie behutsam dahin zu führen, daß sie ihr Leben ihren Beeinträchtigungen entsprechend so gut und selbständig wie möglich bewältigen können. Der Vorbildfunktion im Lernprozeß durch die Gruppe kommt hier ganz besondere Bedeutung zu. Ist hier nun der Tagesablauf für behinderte und gesunde Kinder gemeinsam, bereichert dies auch die für das Leben in der Gemeinschaft so wichtigen Sozialerfahrungen – Schwerpunkt im Kindergartenalter – ungemein. Wird nun bereits bei einer versuchsweisen Eingliederung – insbesondere im Kindergarten – auch die Mutter aktiv mit einbezogen, kann diese das Zurechtfinden ihres Kindes direkt mitbeobachten und eine Entscheidung, auch wenn sie zuungunsten einer Integration ausfällt, realitätsbewußter und leichter akzeptieren. In diesem Fall sind auch für die Mutter die angebotenen Hilfestellungen – seien es Anregungen für Zuhause oder die Inanspruchnahme von Spezialeinrichtungen – besser nachvollziehbar. Die Akzeptanz von Behinderungen fällt in diesem Zusammenhang leichter, wenn die Förderung sowohl in der Gruppe als auch beim einzelnen Kind sich an dessen Stärken orientiert (s. VIII,3 „Über die Stärken zu den Schwächen“)

Die Akzeptanz von Behinderung wird auch für Nichtbetroffene, Kinder und Eltern gleichermaßen, erleichtert. Sie erleben das Kind nicht nur mit seinen Einschränkungen und Beeinträchtigungen, sondern auch mit seinen Fähigkeiten, die meist ausgeprägter sind, als wir vermuten und diesen Kindern zutrauen. Viele Zeilen wurden dieser gesellschaftlichen Integration schon geopfert, aber nicht befriedigend vieles konnte bisher im Alltag Eingang finden. Überaus groß sind auch immer noch die Ängste der Eltern vor gesellschaftlicher Ausgrenzung, überaus groß ist auch immer noch die Hemmschwelle, Behinderten unvoreingenommen gegenüberzutreten.

Peter, drei Jahre, sitzt neben seiner Mutter auf einem Stuhl und holt sich vom Teller einen Apfelschnitz nach dem anderen. Von meiner Sitzposition auf der anderen Seite des Tisches beobachte ich ein aufgewecktes, ganz normal entwickeltes Kind. Die derzeit unter dem Tisch versteckten Beine allerdings erfüllen ihren Dienst nicht in der gewohnten Weise: Er ist zu früh geboren, dadurch spastisch behindert und bei jedem Schritt noch auf Hilfe angewiesen.

Im Informationsgespräch frage ich die Mutter nach ihrer Meinung über einen Bericht in einer speziellen Elternzeitschrift. Zu meiner Überraschung muß ich nun erfahren, daß sie diese und ähnliche Schriften nicht kaufe. Lediglich ihre Mutter wisse bisher von der Behinderung ihres Kindes. Sie befürchte, daß eine in der Wohnung herumliegende Broschüre eventuell zufällig in die Hände von zu Besuch kommenden Verwandten oder Freun-

den gelangen und auf diese Weise die Behinderung bekannt werden könnte.

Das überfürsorgliche Beschützen und Tragen des Kindes wird lediglich mit einem Entwicklungsrückstand aufgrund der Frühgeburt in Verbindung gebracht, nicht aber mit einer Behinderung. Die Mutter äußert große Angst, daß bei Bekanntwerden sich die Freunde, die ihr sehr viel bedeuten, gehemmt reagieren oder sich gar zurückziehen könnten. Auch für ihr Kind befürchtet sie Konsequenzen, daß er bei Freunden nicht mehr wie jetzt akzeptiert und beliebter Spielpartner ist, daß seine Freunde von ihm ferngehalten werden könnten.

Hat ein Kind Schwierigkeiten, tritt es aus dem normalen Familienverband heraus und nimmt der übrigen Familie gegenüber eine Sonderstellung ein, deren Auswirkungen vielseitig sein können. Verständlicher Wunsch der Eltern ist, diesem Kind umfassende Hilfestellung zu geben und seine Probleme so weit als möglich zu beseitigen. Gemeinsames Ziel von Eltern, Therapeuten und Pädagogen aber muß außerdem sein, das Kind aus diesem Mittelpunkt herauszuholen und als „normales" Familienmitglied zu integrieren.

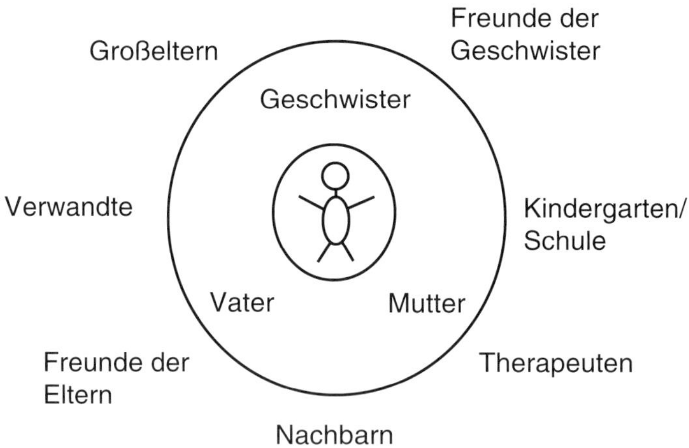

Meist ist dies jedoch nicht aus eigener Kraft zu bewältigen; es entsteht der Wunsch nach Hilfestellung. Den Eltern gegenüber beschränkt sie sich im Regelfall auf eine passive Beratung außerhalb des Geschehens. Ein echtes Einfühlen in die wirklichen Bedürfnisse des Kindes, nicht zuletzt in seine behandlungsbedürftigen Schwächen, ist deshalb nur begrenzt möglich. Der Wandel in der familiären Situation erfordert ein Umdenken und eine Umstellung in der Erziehung.

Dieser Wandel erfordert aber auch eine Änderung der Einstellung von Erziehern und Therapeuten, die traditionelle Vorgehensweisen mit dem Kind als Mittelpunkt favorisieren. Ein meist zuwenig beachteter Einfluß wirkt auf das Kind ein und rückt es neben dem Einfluß der Familie noch mehr in den zentralen Mittelpunkt: Therapeuten und Pädagogen mit ihren auf die Behandlung von Störungen konzentrierten Vorgehensweisen, die immer wieder an die Unzulänglichkeit und die Behandlungsbedürftigkeit, also an die Schwächen erinnern. Die diagnostizierten Störungen bilden in der Regel die Basis für die Betreuung und Förderung. Die zweifellos bei jedem Kind vorhandenen Stärken, mag es auch noch so behindert sein, werden leider häufig nicht beachtet, ja übersehen. Gerade aber die Stärken des Kindes sollten hier vorrangig Ausgangspunkt für die Behandlung der Schwächen sein. Diese vorhandenen Ressourcen stärken sein Selbstwertgefühl und sind die Grundlage der Motivation innerhalb der Förderung.

Der aktiven Einbeziehung der Mutter als engster Bezugsperson für diese Kinder kommt eine ganz besondere Bedeutung zu. Sie ist es auch, die ihrem Sorgenkind meist mehr als die erforderliche Zuwendung angedeihen läßt, die ihre eigenen Interessen deshalb oft genug zurückstellt und sich verantwortlich und unentbehrlich fühlt. Neben der scheinbaren Aufwertung der Mutterrolle steht aber immer die Angst und Sorge um ihr Kind im Mittelpunkt. Ein gewaltiger Leidensdruck bestimmt zusätzlich ihren Alltag, durch den sie Gefahr läuft, die übrigen Familienmitglieder in den Hintergrund zu drängen oder gar zu vernachlässigen.

Hinzu kommen vielfach Schuldgefühle, die nicht selten durch den Ehepartner verstärkt werden, besonders wenn sich dieser in seinem Vaterstolz verletzt fühlt. Häufig entzieht er sich sogar durch besondere berufliche Beanspruchung seiner Verantwortung und läßt die übrige Familie, vor allem aber die Mutter mit ihren Sorgen allein.

Das Kind in seiner Mittelpunktfunktion übt ebenfalls eine Machtstellung aus: Es benützt sein Handicap zur Einforderung von Vergünstigungen und genießt natürlich die vermehrte Zuwendung und Aufmerksamkeit. Dies allerdings führt insbesondere bei Geschwistern zu zwiespältigen Gefühlen, die einerseits manchmal zuviel Hilfsbereitschaft zeigen, andererseits mit Eifersuchts- und Rivalitätsgefühlen konfrontiert sind. Es fällt ihnen oftmals schwer, ihren Geschwister„partner" als gleichwertig und gleichberechtigt zu akzeptieren, je nach Schwere und Art der Behinderung schämen sie sich sogar für ihn.

„Bei den Stärken beginnen" heißt hier für alle: Kind, Mutter, Vater, Geschwister, Gemeinschaft, der hilfreiche Weg. Der Aufbau eines gesunden Selbstvertrauens und Vertrauen in die kindlichen Fähigkeiten ist auch hier die beste Förderung. Das Kind darf keinesfalls als „Symptomträger" im Mittelpunkt stehen. Nur im echten Miteinander sind wir in der Lage, das Kind in seiner Gesamtpersönlichkeit zu fördern.

3.3. Integration von ausländischen Kindern

Immer mehr gewinnt dieser Aspekt an Bedeutung. Wenn auch in den letzten Jahren sehr viel in dieser Richtung geschehen ist, sind die Schwierigkeiten einer Integration immer noch gravierend. Während das sprachliche Problem durch intensive Zusatzprogramme für die Kinder relativ gut zu bewältigen ist, stellt die Verständigung mit den Eltern eine große Hürde dar. Nicht immer bildet hierbei die sprachliche Verständigung das Haupthindernis, sondern die Verschiedenheit in Kultur, Tradition und Erziehungsverhalten. Die traditionelle Beratung außerhalb des Geschehens muß deshalb unbefriedigend bleiben. Eine wenigstens zeitweise Einbeziehung der Eltern, vor allem der Mutter, ins Alltagsgeschehen des Kindergartens, aber auch der Schule, könnte hier eine Basis der Verständigung schaffen, vor allem, wenn es gelingt, Erzieherinnen mit Kenntnissen in der Muttersprache der Kinder mit einzubeziehen.

V. Wie zeigen sich die Schwierigkeiten – wo können Ursachen liegen?

Es ist nicht beabsichtigt, an dieser Stelle eine ausführliche Darstellung kindlicher Verhaltensformen und Schwierigkeiten zu geben. Die nachstehende Auflistung von Verhaltensformen ist lediglich der Übersichtlichkeit halber in dieser Weise gestaltet; es soll also keineswegs ein fachspezifischer Zusammenhang hergestellt werden. Absicht ist vielmehr, Eltern und Berufserzieher gleichermaßen zu sensibilisieren, diese so früh wie möglich zu erkennen und ihnen wirksam und umfassend zu begegnen – oder überhaupt ein Entstehen durch ein angemessenes Erziehungsverhalten zu vermeiden.

Sehr oft zeigen sich Symptome kindlichen Verhaltens, ohne auf den ersten Blick auch die Ursache, den Verursacher, erkennen zu lassen. Eine Kurzsichtigkeit beispielsweise ist unschwer diagnostizierbar und mit einer Brille meist auszugleichen. Wer aber vermutet bei flüchtiger Beobachtung bei einem Kindergartenkind, das immer still für sich allein spielt, keinen Kontakt mit anderen Kindern will, Schwierigkeiten, die später zu Problemen führen können? Und wo liegen hierfür mögliche Ursachen?

1. Körperliche Beeinträchtigung

Körperliche Schwierigkeiten, beispielsweise des Sehens, Hörens, Sprechens, der Bewegung, bringt das Kind meist bei der Geburt bereits mit. Seit der Einführung der ärztlichen Vorsorgeuntersuchungen (U1 – U6) in den ersten Lebensjahren werden körperliche Beeinträchtigungen sowohl des Bewegungsapparates als auch der Sinnesorgane, schon relativ früh erkannt und einer gezielten Behandlung zugeführt.

2. Seelisch-soziale Beeinträchtigung

Häufig beobachten sowohl Erzieher im Kindergarten als auch Lehrer in der Schule Kinder, die sich in ihrem Verhalten in vielfältiger Weise von den anderen unterscheiden. Nachstehende Schematisierung einiger Verhaltensformen dient lediglich der Übersichtlichkeit halber als Beispiel.

3. Verhaltensauffällige Kinder

Sehr schnell wird der Kindergarten auf diese Kinder aufmerksam, denn sie stellen eine mehr oder minder große Beeinträchtigung der Gruppe dar. Unverträglichkeit, ständiges Zanken mit anderen Kindern, bleiben nicht lange verborgen. Diese Kinder sind meist nicht in der Lage, sich in die Gruppe einzufügen oder mal nachzugeben. Anderen Kindern nehmen sie die Spielsachen weg und zerstören sie, schlagen jüngere Kinder. Erwachsenen gegenüber sind sie frech, trotzig, wenig einsichtig und schwer zugänglich.

Jähzornige Kinder wirken nach außen hin eher „lieb" und „brav", oft selbst Zuhause den Eltern gegenüber. Wenn auch meist jüngere und unterlegene Kinder die Zielscheibe bilden, ist bei auftretenden Jähzornanfällen nichts und niemand vor ihnen sicher.

> *Florian ist nach außen hin ein ruhiges „braves" Kind. Fühlt er sich allerdings unbeobachtet, piesackt er andere Kinder und schlägt seine jüngeren Geschwister. Auch diese „Hinterhältigkeit" ist eine Ausdrucksform aggressiven Verhaltens.*

Diese wenigen Beispiele vielfacher aggressiver Erscheinungsformen lassen schon ahnen, wie vielschichtig auch deren Ursachen sein können. Umfangreiche Literatur hierüber zeigt ebenfalls die Brisanz auf.

Einig aber sind sich Experten, daß für das Entstehen vielfach das kindliche Umfeld, bei jüngeren Kindern also in erster Linie die Familie, mitverantwortlich ist. Es mag an dieser Stelle dahingestellt bleiben, ob hierfür das Vorbild der Erwachsenen, Einengung der kindlichen Aktivität, Mangel oder Zuviel an liebevoller Zuwendung oder Erziehung durch Strafe in Frage kommen können.

Gehemmte Kinder

Ob nun Schüchternheit, Verlegenheit oder Ausdruck der Individualität als Bezeichnung gelten: Einig ist diesen Kindern, daß sie Schwierigkeiten im Kontakt mit Gleichaltrigen haben, sich bei gemeinsamen Tätigkeiten im Kindergarten oder im Unterricht in der Schule kaum aktiv beteiligen. Fatal kann sich für diese Kinder ein daraus entstehender Teufelskreis auswirken: Die durch Gehemmtheit – also **nicht** durch mangelnde Fähigkeit – bedingten Mißerfolgserlebnisse beeinträchtigen meist ganz entscheidend das kindliche Selbstbewußtsein und Leistungsvermögen.

Gehemmte Kinder können vielfältig in Erscheinung treten. Doch auch hier sollen die auf zwei Beispiele beschränkte Erwähnung wiederum lediglich Denkanstöße zu diesem Thema geben:

Anita ist schon in der zweiten Klasse. Aber immer noch steht sie in der Pause allein herum und beteiligt sich kaum am gemeinsamen Spiel. Alle Bemühungen der Lehrerin waren bisher erfolglos. Wird sie im Unterricht aufgerufen, kommt die Antwort, wenn überhaupt, kaum hörbar, obwohl sie vom Verstehen her keine Schwierigkeiten hat.

Matthias (5) bleibt jeden Morgen an der Kindergartentür stehen, bis ihn die Erzieherin ermunternd weg- und zu einem Spieltisch hinführt. Wenngleich er bereits mehrere Monate im Kindergarten ist, hat er noch keine Freunde gefunden und spielt immer allein. Bekommt er etwas geschenkt, wird er rot im Gesicht und traut sich nicht, es anzunehmen.

Auch hier mag dahingestellt bleiben, ob eine Mitursache in über- oder unterfordernder Erziehung, in einem „Nesthäkchen-Dasein“, bei zu ängstlichen oder autoritären Eltern gesehen wird. Unbestritten erforderlich aber ist es hier, aktiv und umfassend im elterlichen Erziehungsverhalten Hilfestellung zu geben.

Diesen Beispielen und in beliebiger Folge weiter aufzählbarer Schwierigkeiten kindlichen Verhaltens ist gemeinsam, daß sie das Kind in seiner Entwicklung, in der Gemeinschaftsfähigkeit, in der Bildung des Selbstwertgefühls, beeinträchtigen.

Überaktive Kinder

Wer kennt sie nicht, wer hat nicht seine liebe Not mit diesen „Störenfrieden“, die Eltern, Kindergarten und Schule gleichermaßen auf die Nerven gehen. Mögen nun vielfältige Namen wie „Zappelphilipp“, hyperaktiv, hyperkinetisch oder MCD (minimale cerebrale Dysfunktion) für diese Kinder stehen – einig ist ihnen allen ihr unlenkbarer Bewegungsdrang, der sie zu Problemkindern für ihre Umgebung stempelt. Gleichfalls aber wird die von Erwachsenen getroffene Reglementierung wegen ihrer Einengung auch für diese Kinder problematisch. Es ist schwer zu sagen, ob die Kinder in gleicher Weise wie ihre Eltern und ihre Umgebung darunter leiden. Meist sind dies von Natur aus sehr fröhliche Kinder, die sich ihrer motorischen Unruhe erst bewußt werden, wenn sie mit den ständig sich wiederholenden zurechtweisenden Vorhaltungen der Erwachsenen auseinanderzusetzen haben und durch ständige Mißerfolge aufgrund ihrer Unkonzentriertheit und

Unruhe frustriert sind, „Sie könnten, wenn sie nur wollten“, ist für sie ein zwar ungerechtes, aber leider noch alltägliches Urteil.

Ob hierbei als Verursacher eine leichte Hirnfunktionsstörung gesehen oder die Milieu-Theorie – also negative Umwelt- und Familieneinflüsse – zugeordnet wird, soll an dieser Stelle nicht näher beachtet werden; ebensowenig die Wirksamkeit einer nach wie vor noch umstrittenen Ernährungsumstellung und medikamentöse Behandlung.

Anliegen dieser Zeilen ist vielmehr, bei Eltern und Erziehern gleichermaßen an die Einsicht für die Nöte dieser Kinder zu appellieren und ihnen Hinweise und Hilfestellung für verständnisvolles Agieren und Reagieren zu geben. Wenngleich diese Kinder in jedem Fall einer genauen Diagnose durch einen Spezialisten und einer individuellen therapeutischen Betreuung bedürfen, ist ein Erfolg wenig aussichtsvoll, wenn nicht gleichzeitig entscheidender Einfluß auf das kindliche Umfeld genommen wird. Es genügt nicht, den Eltern die verschiedenen Behandlungsmöglichkeiten aufzuzeigen. Vielmehr müssen sie mit der Problematik und ihren Hintergründen vertrautgemacht werden. Ebenso damit vertraut sein müssen allerdings auch Kindergarten und Schule. Gewiß, es ist nicht leicht, Verständnis zu finden für die ewigen Störenfriede, die durch ihre ständigen Aktionen jede Gruppenarbeit beeinträchtigen und nicht selten ihr vorzeitiges Ende herbeiführen.

4. Entwicklungsgehemmte Kinder

Die ärztliche bzw. fachpsychologische Diagnose weist darauf hin, daß diese Kinder nicht oder noch nicht den Entwicklungsstand erreicht haben, den andere gleichaltrige „normal entwickelte“ Kinder haben. Unschwer ist es für Eltern, durch einen Längenvergleich mit Gleichaltrigen einen körperlichen Entwicklungsrückstand festzustellen. Ein individuell und genetisch bedingtes Körperwachstum allerdings besitzt keine Aussagekraft über die geistig-seelischen Entwicklungsschritte. Um diese jedoch zuverlässig und gewissenhaft festzustellen, reichen meist kurzfristige psychodiagnostische Verfahren (Intelligenz- und Entwicklungstests) oder ein Routinebesuch beim Kinderarzt nicht aus. Leider oft zu schnell wird durch diese Testdiagnostik das Kind „in einen Rahmen gepreßt“ und dadurch nicht selten vorschnell der weitere Entwicklungsweg, die Schulart, ja der künftige Lebensweg festgelegt.

Um diese seelisch-geistigen Entwicklungseigenheiten kennenzulernen und damit Schwächen oder Störungen festzustellen, bedarf es unbedingt erst der Kenntnis der individuellen Persönlichkeit des Kindes, seiner Stärken und Schwächen, seiner Lebensumstände. Hierfür aber ist Zeit erforderlich für ein sensibles, längerfristiges, umfassendes und wiederholtes Beobachten des Kindes: seines Agierens, seiner Bedürfnisse, seines Zurechtfindens.

Eltern kennen diese Eigenheiten ihres Kindes lediglich aus der **familiären** Situation. Beeinträchtigungen im Gruppenverhalten können sie aus mangelnder Kenntnis meist nicht im nötigen Umfang nachvollziehen und deshalb auch noch so gut gemeinte Ratschläge nicht befriedigend annehmen und befolgen. Es hilft diesen Kindern auf die Dauer gesehen nicht, wenn einerseits lediglich am kindlichen Symptom behandelt wird, andererseits familiäres und außerfamiliäres Umfeld in der Betreuung eine Gemeinsamkeit vermissen lassen.

Ein anregungsarmes Milieu im Elternhaus beeinträchtigt die kindliche Entwicklung ganz entscheidend. Vorrangig denken wir hier an Kinder aus der sozialen Unterschicht, wo es den Eltern an eigenen Fähigkeiten mangelt. Anregungsarmut kann aber auch für ein zwar mit Spielzeug überhäuftes, aber damit alleingelassenes .Kind sein. Anregung muß nicht bedeuten, daß das Kind den ganzen Tag über Beschäftigungsangebote von außen, den Eltern, Geschwistern oder Institutionen erhält. Vielmehr bedeutet dies ein einfühlsames Hinführen zu einem selbständigen kreativen Handeln.

Die aktive Einbeziehung der Eltern in Gruppensituationen über einen längeren Zeitraum hinweg – wenigstens die Mutter als engste Bezugsperson – gibt ihnen Gelegenheit, ihr Kind auch in diesem Bereich kennenzulernen und trägt wesentlich zur Vermeidung unangemessener und ungerechter Reaktionsweisen der Erwachsenen bei. Mit Sicherheit läßt sich auf diese Weise leichter eine Antwort auf die Frage finden, **warum** sich das Kind so verhält.

Große Mühe hat der sechsjährige Peter, die Schere exakt den Linien entlang zu führen. Ganze drei Bilder hat er für das Spiel ausgeschnitten, das seine Mutter mit ihm basteln möchte, als ihn wieder mal die Geduld verläßt. Lustlos streicht er durch's Zimmer, steigt auf den Stuhl, hüpft mit lautem Gepolter herunter, schaut gelangweilt aus dem Fenster, während seine Mutter millimetergenau die vorher von ihm ausgeschnittenen Bilder nachbessert. Ist das jetzt wirklich noch als sein Werk identifizierbar?

Mit ihrem Wunsch nach Genauigkeit, ja Perfektheit, hat sie ihm, in guter Absicht zwar, zu verstehen gegeben, daß er ihren Er-

wartungen nicht gerecht werden kann. Hätte die Mutter die Bilder auch in ihrer Unvollkommenheit akzeptiert, wäre es, als kleines Erfolgserlebnis gewertet, vielleicht sogar Motivation zum Weitermachen gewesen.

VI. Was tun?

1. Chance der Prävention

Präventivmaßnahmen, also Vorsorgemaßnahmen, nehmen im medizinischen Bereich immer mehr an Bedeutung zu. Wenngleich in letzter Zeit die Befürworter der Prävention auch im pädagogischen Bereich Fuß fassen, liegt hier leider immer noch die Priorität bei „Erziehung und Förderung". Kognition, also Lernen und Leistung, liegen im Stellenwert vor Emotion und Sozialisation, Gefühl und Sichzurechtfinden. Gerade aber diese Bereiche sind die vorrangigen Ansprechpartner der Prävention. Je früher diese einsetzt, umso wirkungsvoller kann sie auch sein.

1.1 Prävention im Kindergarten

In der Praxis des Kindergartens begegnen wir Kindern, von denen erfahrungsgemäß gesagt werden muß, daß sie aller Wahrscheinlichkeit nach Schulschwierigkeiten haben werden. Erfolgversprechend wäre es, wenn man ihnen präventiv begegnen könnte, **bevor** sie als Schulschwierigkeiten zutage treten. Hierzu zählen auffallend gehemmte, aggressive oder konzentrationsschwache Kinder. Vielfach werden entsprechende Symptome im Kindergarten richtig erkannt und auch abgebaut, soweit die kind- und gruppenzentrierte Arbeit dazu ausreicht. Voraussetzung hierfür ist eine Sensibilisierung der Erzieherin und eine sozial-stabile Atmosphäre in der Kindergartengruppe. Nach dem Kindergartengesetz ist es allerdings nicht Aufgabe des Kindergartens, auf heilpädagogisch-therapeutischer Ebene den besonderen Schwierigkeiten dieser Kinder zu begegnen. Auch reicht dazu in der Regel die Ausbildung der Erzieherin nicht aus.

Die Prävention im Kindergarten könnte noch wesentlich wirkungsvoller sein, wenn hier das „Miteinander" praktiziert würde: wenn auch das kindliche Umfeld, die Eltern, besonders aber die Mutter, aktiv mit einbezogen würde. Einen echten Einblick in beginnende Schwierigkeiten erhält die Mutter nur durch bewußtes Miterleben in der Gruppe, nicht durch bloße verbale Beschreibung der Situation. In manchen Fällen kann eine Förderung beim Kind sogar nur bedingt erfolgreich sein, wenn nicht vorrangig mit den Eltern bzw. der Mutter gearbeitet wird .

Besonders bedeutungsvoll wird dieser Aspekt des „Miteinander" bei der Zurückstellung bzw. Wiederausschulung eines Kindes. Gründe hierfür liegen in der Regel weniger auf intellektuellen als auf sozialen und/oder emotionalem Gebiet; Schwierigkeiten also, die schulischen Lernanforderungen im Wege stehen und zu vorhersehbaren, nicht lösbaren Konflikten für die Schule und das Elternhaus führen. Diese Kinder brauchen eine ganz gezielt und speziell auf ihre Bedürfnisse abgestellte Förderung. Das heißt, daß z.B. einem gehemmten Kind anders begegnet werden muß als einem aggressiven, einem „nur" konzentrationsschwachen anders als einem hyperaktiven. Ebenso haben zum Beispiel Einzelkinder größere Schwierigkeiten sich in der Gruppe zurechtzufinden als solche mit Geschwistern. Nicht vergessen werden dürfen hier die steigende Zahl der Ausländerkinder mit ihren andersgearteten Kultur- und Familientraditionen.

Wie an anderer Stelle bereits erwähnt (IV.2. „Warum aktive Hilfestellung") brauchen in diesem Fall neben dem Kind auch die Eltern, vor allem aber die Mutter, **aktive** Hilfestellung. Sich der kindlichen Schwierigkeiten bewußt oder nicht bewußt, steht sie diesen meist hilflos gegenüber. Eine kindzentrierte, auf wenige Kindergartenstunden ausgerichtete Förderung kann nur unbefriedigendes Stückwerk bleiben, wenn es nicht gelingt, die Familie, hier vor allem die Mutter, für die vielen Reststunden des Tages als „Verbündete" zu gewinnen.

Dieses aktive Miteinander von Eltern und Kindergarten für Kinder mit besonderen Bedürfnissen im Kindergartenalter könnte ein zusätzliches wohnnahes Angebot des Kindergartens an die Eltern darstellen. Allerdings sind die wenigsten Kindergärten auf eine regelmäßige Einbeziehung der Mütter in den Tageslauf des Kindergartens ausgerichtet. Gegner dieser aktiven Zusammenarbeit sind sogar der Meinung, daß das Kindergartengesetz diese Einbeziehung nicht vorsieht, manche sind der Meinung, daß hierfür eine Gesetzesänderung erforderlich wäre. In diesem Fall ist allerdings die Überlegung mit einzubringen, daß – leider wissenschaftlich und statistisch nicht belegbar – mit dieser kostengünstigen Prävention mit Sicherheit so manche spätere teure und aufwendige Therapie vermieden werden kann und mit diesem frühzeitigen Eingehen auf besondere Bedürfnisse Eltern und Kindern viel Leid und Sorge erspart bleibt.

„Eine gläserne Isolierzelle als Endstation – nach einer Odyssee durch 16 Institutionen als Jugendlicher straffällig geworden", war kürzlich in einer Tagespresse[4] die spektakuläre Überschrift ei-

[4] Süddeutsche Zeitung, 1995

nes Berichts, der das Schicksal des jetzt 20jährigen Bernd beschreibt. Als „hoffnungsloser Fall“ wird wegen Gemeingefährlichkeit die gläserne Isolierzelle wohl für den Rest seines Lebens sein Zuhause sein. Die hyperaktiven Verhaltensweisen – Folgen eines Hirnschadens durch Sauerstoffmangel bei der Geburt – waren bei Schulanfang so gravierend, daß sich die Schule überfordert sah und die Einweisung in eine Spezialklinik veranlaßte; erste der erwähnten 16 Stationen! Bis dahin hatten sich die Eltern jahrelang mit ihrem Kind, dessen Entwicklung verzögert verlief, völlig allein gelassen gefühlt.

Wieviel wertvolle Zeit verstrich hier in den ersten Lebensjahren ungenützt, wieviel Leid und Hilflosigkeit wäre den Eltern erspart geblieben, wenn vorschulische Institutionen diese besonderen Bedürfnisse des Kindes erkannt und **gemeinsam mit den Eltern** diese beobachtet und **frühzeitig** einer gezielten Behandlung zugeführt hätten. In diesem Fall wäre auch den Eltern wertvolle Hilfestellung zuteil geworden.

Es ist keineswegs daran gedacht, dieses „Miteinander“ auf die komplette Kindergartengruppe plus Mütter zu beziehen. Vielmehr sollen Denkanstöße gegeben werden – in folgenden Kapiteln wird noch näher darauf eingegangen – wie für Kinder mit besonderen Bedürfnissen und deren Mütter zusätzlich zum Kindergartenalltag Kleingruppen gebildet werden können.

1.2 Stärkung des Selbstwertgefühls im Kindergartenalter

„>Impfstoff< gegen Pubertätsschwierigkeiten?“ „Wer bin ich eigentlich?“, ist für viele Heranwachsende eine elementare Frage auf der Suche nach ihrer Identität. „Mangelndes Selbstwertgefühl“, diagnostizieren die Psychologen häufig bei Schwierigkeiten. Wann aber entsteht dieses Selbstwertgefühl, wie wird es gebildet? Das donnernde patriarchalische „So lange du deine Füße unter meinen Tisch stellst, hast du nichts zu bestimmen“, ist mit unserem Erziehungsstil nicht vereinbar und wird auch größtenteils als Relikt früherer Generationen als nicht mehr zeitgemäß abgelehnt. Doch, Hand aufs Herz, nehmen wir das Veto unseres Dreikäsehochs bei unseren Anweisungen wirklich ernst? Wir, die Eltern, wissen doch am besten, was für unser Kind richtig ist; **wir** wollen doch nur sein Bestes. Unbestritten: ja. Doch wann und ab wann gestehen wir unseren Kindern eigentlich diese Trainingsmöglichkeiten zu? – Ein ganzes Kapitel lauter Fragen!

Daß das Hinführen unserer Kinder zu selbstbewußten, selbstverantwortlichen Mitgliedern unserer Gesellschaft unser wichtigstes Erziehungsziel darstellt, ist Thema Nummer eins jedes Erziehungsratgebers. Ein Kind, das sich etwas zutraut, wird auch Erfolg haben. Mit dem Training zu diesem wichtigsten Schritt kann nicht früh genug begonnen werden.

Aber wie? Werden wir uns der **Stärken** des Kindes bewußt! Viel zu oft versuchen wir, die Kinder nach unseren Vorstellungen zu formen, ihnen unsere Meinung aufzuzwängen, ohne deren eigene überhaupt kennenlernen zu wollen. Die Fragen: „Was tust du gern? Was kannst du besonders gut? Was macht dir Spaß?“ zeigen uns beim genauen Hinhören einen Weg. Wenn nun beispielsweise ein Kind im Kindergarten besonders geschickt mit dem Ball umzugehen weiß, verdient es aber auch, daß seine besondere Leistung gegenüber der übrigen Kindergartengruppe lobend hervorgehoben wird. Ist dieses Kind nun bei Gleichgewichts- oder Geschicklichkeitsübungen etwas zu ängstlich, kann die Erinnerung an seine Stärke mit dem Ball Ansporn sein, um hier etwas mutiger zu werden.

Eltern und Berufserzieher setzen ihren Erziehungsauftrag gleich mit einem „Lehrauftrag“. Sie wollen dem Kind etwas lernen, was es (noch) nicht kann und vermitteln ihm den Eindruck, daß es den Erwartungen und Ansprüchen der Erwachsenen nicht genügt. Steht diese Vorgehensweise in der Erziehung im Vordergrund, kann sich aufgrund der stetigen Negativerlebnisse ein gesundes Selbstwertgefühl nicht entwickeln und eine Förderung kann nicht zu befriedigen Resultaten führen.

1.3 Mut zur Kreativität

Kreativität ist die Grundlage für alles was die Kinder tun werden, also für eine gute Kommunikation mit der Umwelt, für jegliches Lernen. Die Eltern spielen dabei eine äußerst wichtige Rolle. Sie sind es, die ihrem Kind den Weg zur Umwelt eröffnen: Sie lassen es sehen, hören, tasten und fördern hierdurch die Wahrnehmung auf vielfältige Weise. Insbesondere kleine Kinder nehmen ihre Umwelt greifend, also mit dem Tastsinn wahr.

Wichtig ist es, daß wir dem Kind auch die Möglichkeit dazu geben. Untersuchungen über kreative Menschen zeigen, daß ihnen bereits als Kind die Freiheit gelassen wurde, ihre Umwelt zu erforschen: beispielsweise Käfer, Würmer, Schnecken zu betrachten, an Blumen zu riechen, das Vogelgezwitscher zu hören, in den Wohnräumen zu gestalten, zu malen, zu basteln, zu musizieren. Wenn die Eltern selbst kreativ sind und dem Kind durch ihr persönliches Beispiel Kreativität vorleben, ist dies der beste Lehrmeister.

Abbildung 10

Oft fördern die Eltern geistige, künstlerische oder praktische Fähigkeiten und beachten nicht, daß auch seelische Bedürfnisse befriedigt werden müssen, damit Begabung und Talente verwirklicht werden können: Bedürfnisse nach Gefühlen der Sicherheit, Geborgenheit, Achtung und Anerkennung.

Größter Feind der Kreativität ist eine allzu große, übertriebene Ordnungsliebe, die das Kind in seiner Entfaltung einengt. Ein großer Feind der Kreativität sind auch die quantitativ und qualitativ unüberschaubaren und von der Werbung oft aufdringlich angepriesenen Angebote auf dem Spielzeugmarkt.

Verständnisvolle Eltern lassen das Kind ihre Zuneigung spüren und bemühen sich, seinen Bedürfnissen entgegenzukommen, ohne ihm in allem nachzugeben. So geben sie ihrem Kind die Freiheit, auszuprobieren, sich umzusehen, Erfahrungen zu sammeln und schützen es sowohl vor grenzenloser Freiheit zu tun, was immer es will, wie auch vor einer autoritären, willkürlichen und einschränkenden Atmosphäre.

Ein Kind, das von seinen Eltern unter Druck gesetzt wird, kann einen Widerstand gegen das Lernen entwickeln. Unter dem guten Beispiel der Familie findet es jedoch auf ganz natürliche Weise von selbst daran Freude.

2. Gemeinsames Erleben in Eltern(Mutter)-Kind-Gruppen

Auch hier ist der einfachste Weg über das gemeinsame Erleben, das gemeinsame Tun in der Gruppe, um der Mutter Möglichkeiten aufzuzeigen, wie sie diese Anregungen auf den familiären Alltag umsetzen kann. Einen Einblick in die Schwierigkeiten des Kindes erhält die Mutter durch bewußtes Miterleben in der Gruppe, nicht durch bloße verbale Beschreibung der Situation außerhalb des Geschehens. Sie hat hier die bedeutsame Gelegenheit, nicht nur ihr eigenes Kind, sondern auch die anderen Kinder mit ihren Müttern in unterschiedlichen pädagogischen Situationen kritisch und nicht zuletzt selbstkritisch zu erleben.

Von den Müttern wird immer wieder bestätigt, daß gerade das bewußte Beobachten in der Gruppe ihnen hilft, ihre Kinder in ihren Stärken und Schwächen besser kennen- und verstehen zu lernen. Diese Äußerung bestätigt auch die notwendige kind- und elternzentrierte Ausrichtung in unserem Erziehungsbemühen. Soll dieses erfolgreich sein, genügt nicht eine Verhaltensänderung beim Kind. Vielmehr geht es um die Entwicklung eines kindgemäßen Erziehungsstils.

Vielleicht gelingt durch dieses besondere Eingehen auf kindliche Stärken, diese sogar noch weiter zu aktivieren und auszubauen; vielleicht bleibt dadurch so dann und wann weniger Möglichkeit für die passive Zeit vor dem Fernseher; vielleicht bleiben Ideen und Interessen nicht nur auf den Computer beschränkt.

VII. Eltern/Kind- (Mutter/Kind-) Gruppen

Es ist keineswegs daran gedacht, dieses „Miteinander“ auf die komplette Kindergartengruppe plus Mütter zu beziehen. Vielmehr sollen hiermit Denkanstöße gegeben werden – in den folgenden Kapiteln wird noch näher darauf eingegangen – wie für Kinder mit besonderen Bedürfnissen und deren Mütter zusätzlich zum Kindergartenalltag Kleingruppen gebildet werden können.

Bereits mehrmals erwähnt, aber an dieser Stelle nochmals betont: Diese Empfehlung zum aktiven Miteinander soll keineswegs eine Pseudotherapie darstellen oder gar eine Therapie ersetzen; allerdings – falls erforderlich – den Weg dorthin ebnen.

1. Integratives Angebot oder kooperatives Angebot des Kindergartens

Wie an anderer Stelle bereits erwähnt, könnte dieses aktive Miteinander von Eltern und Kindergarten für Kinder mit besonderen Bedürfnissen im Kindergartenalter ein festes zusätzliches wohnnahes Angebot des Kindergartens an die Eltern werden und dadurch den Erziehungs- und Bildungsauftrag noch intensivieren. Allerdings sind gegenwärtig die wenigsten Kindergärten auf eine regelmäßig Einbeziehung der Mütter in ihren Tagesablauf ausgerichtet. Gegner dieses aktiven Miteinanders sind der Meinung, daß das Kindergartengesetz diese Einbeziehung nicht vorsieht, manche legen es sogar als Verbot aus, das erst einer Gesetzesänderung bedürfe.

Mit dieser kostengünstigen Prävention wäre mit Sicherheit so manche spätere teure und aufwendige Therapie und vielfältiges Leid in den betroffenen Familien vermeidbar. Gewiß, Institutionen wie Kindergarten und Schule bedürfen zum ordnungsgemäßen Ablauf klarer Richtlinien, deren willkürliches Durchbrechen eine Beeinträchtigung darstellen würde. Aber Hand aufs Herz: Gilt im übertragenen Sinn nicht auch hier der juristische Grundsatz „in dubio – pro reo“? Das heißt, daß ein Einbrechen in starrgefügte Gesetzeslinien wie beispielsweise hier, **nur** zum Wohle unserer Kinder geschieht.

2. Die Gruppe

Im Gegensatz zu den „offenen“ Kindergärten wo Mütter als Besucher zeitweise mehr oder weniger passiv und kurzzeitig anwesend sind,

sind bei diesen Gruppen die Bezugspersonen – Mutter, Vater, Großmutter etc. – fester Bestandteil der Gruppe. Der Besuch der Mutter im Kindergarten stellt für das Kind eine Ausnahmesituation dar und es verhält sich dabei „situationsangepaßt“ und nicht wie im normalen Alltag. In der Gruppe jedoch sind die Mütter über einen längeren Zeitraum regelmäßig dabei und werden als normale Gruppenmitglieder in den Tageslauf integriert. Nach anfänglicher Eingewöhnungszeit zeigen die Kinder deshalb auch normales Alltagsverhalten.

2.1 Gruppengröße

Der Alltag zeigt immer wieder, daß Kinder Schwierigkeiten haben, sich in der großen Kindergartengruppe zurechtzufinden, daß aber auch die Erzieherin im Interesse der übrigen Kinder nicht befriedigend auf diese Bedürfnisse eingehen kann. Deshalb darf die Mutter-Kind-Gruppe nur in einer überschaubaren Größe gestaltet werden. Als ideal hat sich in jahrelanger Praxis eine Gruppe von sechs bis sieben Kindern plus Mütter erwiesen. Ausgehend davon, daß infolge Krankheit oder Verhinderung immer wieder das eine oder andere Kind fehlt, ist so selbst bei Abwesenheit von zwei Kindern gleichzeitig noch der Gruppencharakter gewahrt, der bei einer Richtzahl von fünf Kindern leicht in Frage gestellt wäre.

2.2 Gruppenraum

Hierfür eignet sich beispielsweise der in jedem Kindergarten vorhandene Intensivraum für gemeinschaftliche Aktivitäten am Tisch. Wichtig ist allerdings auch, daß nach Absprache mit den Kindergartengruppen auch der Turnraum für die Bewegungserziehung regelmäßig zur Verfügung steht. Über die Notwendigkeit der Einbeziehung der Bewegung gerade für diese Gruppen wird an anderer Stelle noch ausführlich eingegangen (s. IX, 1.6).

2.3 Zeitaufwand

Das Eingehen auf besondere Bedürfnisse, das Schaffen einer Vertrauensbasis, die Herstellung eines guten Gruppenkontaktes bedürfen einer „Anwärmzeit“. Deshalb sollte jede Gruppe mindestens ein Vierteljahr – mit Verlängerungsmöglichkeit – beisammenbleiben. Stehen jedoch besondere Förderziele, wie etwa im Rückstellungsjahr, im Vordergrund, sollte sich die Gruppenaktivität über das gesamte Rückstellungsjahr erstrecken.

Diese Gruppengemeinschaft soll ein lockeres, möglichst wenig zeitaufwendiges Angebot darstellen, das zwar das Eingehen auf besondere Bedürfnisse von Kind und Mutter (Eltern) als Zielstellung beinhaltet, das aber möglichst nicht als Belastung empfunden wird. Es soll ein Treffen sein, auf das sich alle Teilnehmer von einer Stunde auf die andere freuen. Die Praxis zeigt, daß ein Beisammensein einmal pro Woche ein absolutes Mindestmaß darstellen muß, damit auch Gruppenkontakte entstehen und gepflegt werden können, die bei einem größeren Zeitabstand sehr in Frage gestellt wären. Ist die Gruppenleiterin auch gleichzeitig Erzieherin im Kindergarten, so kann sie dort die Tätigkeiten so gestalten, daß sie für die Kinder aus der Eltern-Kind-Gruppe noch als Vertiefung gelten können.

In Anbetracht der vielfältigen familiären und beruflichen Verpflichtungen der Mütter und des in diesem Alter noch beschränkten Durchhaltevermögens der Kinder hat sich die Dauer von zwei Stunden pro Gruppentag bewährt. So besteht genügend Gelegenheit zu gemeinsamen Aktivitäten und einem ausführlichen Müttergespräch, etwa in der letzten halben Stunde. Um dieses ungestört gestalten zu können, ist dafür zu sorgen, daß die Kinder entweder in die Kindergartengruppe zurückgehen können oder daß eine weitere Person sie in einem Nebenraum beaufsichtigt. Die Erfahrung zeigt, daß dieses **unmittelbare gemeinsame Gespräch** über das vorangegangene Gruppengeschehen und weiterführende Anregungen für Zuhause für die Mütter sehr wichtig ist und unbedingt einen festen Bestandteil der Gruppenzeit bilden muß.

Über die **Tageszeit** muß individuell nach den einzelnen Gegebenheiten entschieden werden. Es bieten sich Möglichkeiten wie beispielsweise:

a) Während der Kindergartenzeit,
wenn dies die personellen und räumlichen Voraussetzungen zulassen. In diesem Fall könnte die Erzieherin beispielsweise während des Freispiels (einmal pro Woche) in einem Nebenraum die Gruppe führen, während die Kollegin die Kindergartengruppe betreut. Nachdem sie im Notfall jederzeit sofort erreichbar ist, wird sie auch ihrer Aufsichtspflicht gerecht. Wenngleich dies bei der derzeitigen angespannten Kindergartensituation wohl eine Ausnahme darstellen dürfte, wäre es die kostengünstigste Lösung.

Diese Zeit wäre auch für die Mehrzahl der Mütter angenehm; ihre anderen Kinder sind meistens ohnedies im Kindergarten oder in der Schule und am Nachmittag steht sie ihrer Familie dann wieder unbeschränkt zur Verfügung. Die Zeiteinteilung in unseren Gruppen (8 – 10 Uhr) hat sich insbesondere bei berufstätigen Müttern und Vätern gut bewährt, die entweder die Gleitzeit hierfür nützen oder nach Abstimmung mit dem Arbeitgeber an diesem Tag später kommen und die versäumte Zeit entsprechend hereinarbeiten konnten.

b) Am Nachmittag
Eine weitere akzeptable Lösung wäre am Nachmittag, an dem die Raumfrage wegen der meist nur am Vormittag geführten Kindergärten leichter zu lösen ist. Allerdings ist in diesem Fall die Finanzierung der Gruppenleiterin zu berücksichtigen. (siehe Kapitel X, Gruppenleiterin,

2.4 Spiel- und Arbeitsmaterial

MARIANNE FROSTIG[5] sagt zum kindlichen Spiel: „Viele Erziehungsspiele sind bedeutend, eines aber ist wichtig: **immer etwas neues entdecken.**" Und dieses „Neue" entdecken, die Kreativität, soll hier im spielerisch fördernden Mittelpunkt stehen. Deshalb ist die Materialfrage auch nur zweitrangig. Wichtig jedoch ist, daß Spielmöglichkeiten angeboten werden, die das Kind in seiner **Gesamtheit** – Körper, Seele, Geist – ansprechen und die dann als Spielanregungen für Zuhause problemlos umgesetzt werden können.

Die verwirrende Vielfalt auf dem Spielzeugmarkt (und auch in vielen Kinderzimmern) verleitet vielfach zu einer nur flüchtigen und kurzzeitigen Beschäftigung mit einer Sache. Eine echte kreative Auseinandersetzung im Spiel ist infolge der starren Handhabung und Reglementierung der gekauften Spielwaren aber meist gar nicht möglich.

Probleme hat das Kind – auch das Kindergartenkind – nicht wegen seiner Fähigkeiten, sondern seiner Möglichkeiten. Es fehlt ihm an innerer Sicherheit und Freiheit, es wagt nicht, (manchmal aber darf es auch nicht) kreativ zu sein. Diese Kleinigkeiten, nicht erkannt, nicht beachtet, können bereits den ersten Schritt zum „Problemkind" im Kindergarten bedeuten, das mit Aggressivität, Hemmung, Oberflächlichkeit, Eigenbrödelei und anderen Symptomen seiner inneren Unsicherheit und Unfreiheit Ausdruck verleiht. Kreativität muß jedoch auch für

---

[5] MARIANNE FROSTIG: „Bewegungserziehung", Ernst Reinhardt Verlag, München-Basel

uns Erzieher – Eltern und Berufserzieher gleichermaßen – oberstes Gebot sein. Nur wenn wir selbst kreativ sein können, können es die Kinder auch.

Spiel heißt meist Zusammensein mit anderen. Dazu braucht das Kind auch **Grenzen.** Bei oberflächlicher Überlegung mag dies im Widerspruch zur Kreativität stehen; das Kind aber will Grenzen als Orientierungshilfe haben. Es wehrt sich allerdings zu Recht, wenn diese Grenzen zu eng sind. Beengte Wohnverhältnisse, wenig Spielmöglichkeiten im Freien, allzuviel verplante Zeit durch Kurse etc. stehen der kreativen Entfaltung leider immer mehr im Weg.

Kreativität und **Grenzen setzen** ist den Eltern als Erziehungsratgeber keinesfalls im reinen Beratungsgespräch nahezubringen. Eltern beurteilen ihr Kind oft nach dem Endprodukt, nach dem Erfolg – auch im Spiel. Heiners Vater hat sich nur an der Unvollkommenheit des Legohauses orientiert, nicht aber daran, welch kreative Leistung in diesem Alter die konstruktive Beschäftigung allein darstellt.

Hier im gemeinsamen Tun in der Gruppe hat die Mutter (wünschenswert währe dies auch für den Vater) die seltene Gelegenheit, diese das Kind prägenden Fähigkeiten praktisch mitzuerleben; – frei von Verantwortung, frei vom Alltagsdruck, ohne Angst vor Beschmutzung

Abbildung 11

oder Beschädigung der eigenen Wohnräume, also insgesamt ein gutes Sprungbrett, das Vertrauen in die Fähigkeiten des Kindes zu „testen" und festigen.

Als logische Folge ist nun gut erklärlich, daß in den Gruppen nicht das „mit was man spielt", das Material, im Vordergrund steht, sondern das „wie". Für die Auswahl des Materials ist vordergründig auch die Kreativität der Gruppenleiterin, aber auch der Mütter, verantwortlich. Geeignetes Material ist sowohl im Kindergarten wie auch im Familienalltag reichlich vorhanden! Praktische Vorschlägen werden in einem separaten Buch vorgestellt.

2.5 Gestaltung – Themenauswahl

Eine Grundforderung für die Planung und Durchführung von Spiel- und Lernprozessen ist: ausreichend Freiraum für kreative Improvisation. Das will jedoch nicht heißen, daß bei kreativer Improvisation nicht auch Ordnung und Einheit in harmonischer Vielheit vorhanden wäre. Sie drückt sich aus in der „guten Gestalt" der abgelaufenen Stunden, die sich widerspiegelt in Erfolg, Leistung und Zufriedenheit aller Beteiligten. Konzentration, Ausdauer und Verlaufsdynamik hängen in Bezug auf Qualitätsverbesserung eng mit der Entwicklung einer positiven Gruppendynamik zusammen. Grob- und Feinmotorik sind als Ausdrucksgeschehen in ihrer Einheit von Wahrnehmung und Bewegung für die Altersstufe dieser Kinder von entscheidender Bedeutung.

Was geschieht nun an diesem Gruppentag mit Müttern und Kindern gemeinsam?

Die Mütter fügen sich ganz einfach in die Gruppe ein, die jetzt nicht mehr aus sieben, sondern aus vierzehn Mitgliedern besteht. Gemeinsam werden Spiele im Kreis oder am Tisch gespielt, werden Spiele selbst hergestellt, werden Bewegungsspiele im Turnraum gemacht. Wert wird hierbei auf größtmögliche Flexibilität im Einsatz und bei der Durchführung gelegt, um den individuellen Bedürfnissen des Einzelnen und der Gruppe gerecht zu werden. So gibt es Gruppen, in denen aufgrund von Koordinationsschwierigkeiten des feinmotorischen Bereichs schwerpunktmäßig Stifte, Schere, Wasserfarben, Ton, Kleister etc. zum Einsatz kommen, in anderen Jahren wiederum der Bereich Bewegung – Rhythmus in den Vordergrund gerückt werden muß. In jedem Fall aber kommt der Sinneswahrnehmung, deren Entwicklungsschwerpunkt in diesem Alter liegt, besondere Beachtung zu.

Deshalb ist im Interesse einer kontinuierlichen Planung und eines individuellen Eingehens auf die Bedürfnisse der Kinder **und** Mütter/Väter die Führung eines Gruppenprotokolls für die Gruppenleiterin unverzichtbare Notwendigkeit, regelmäßige Aufzeichnungen für die teilnehmenden Eltern sehr empfehlenswert.

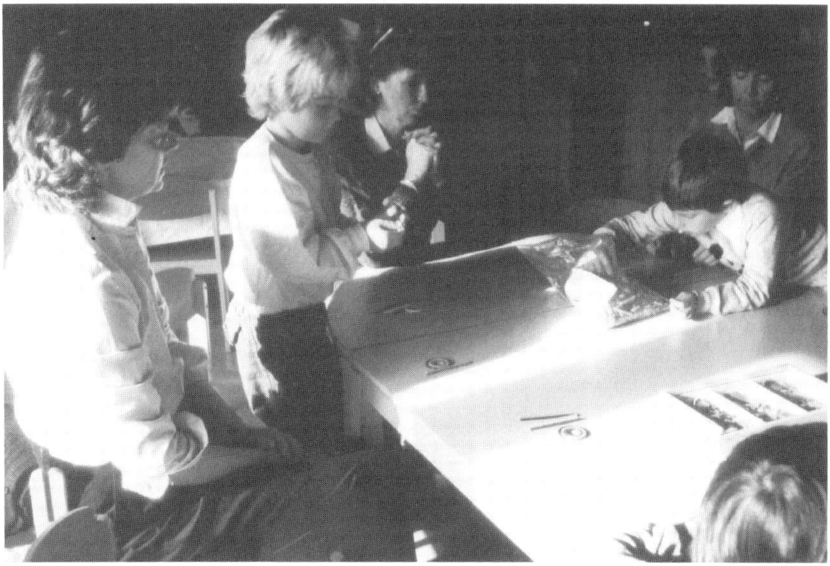

Abbildung 12

2.6. Zeitlicher Ablauf eines Gruppentages

Nacheinander kommen die Kinder mit ihren Müttern, Matthias mit seiner Oma. Er steht an der Garderobe und wartet, bis sie ihn auszieht. Siegfried bringt seinen dreijährigen Bruder mit, der sonst unbeaufsichtigt daheim bleiben müßte. Als letzter kommt Markus mit dem freudigen Ausruf hereingestürmt: „Heute komme ich mit meiner Mutti, die Oma muß daheimbleiben (sie betreut während der Berufstätigkeit der alleinerziehenden Mutter das Kind und kommt deshalb auch regelmäßig stellvertretend für die Mutter in die Gruppe mit.)

Eineinhalb Stunden wird nun gemeinsam gespielt, gebastelt geturnt .... Schwerpunkte dieser Tätigkeiten setzen natürlich die Förderbedürfnisse der Kinder. Zwei Mädchen zeigen leichte Wahrnehmungsschwierigkeiten, eines in der Raumwahrnehmung, das andere in der Figur-

Grundwahrnehmung. Deshalb wird in diesem Jahr das Spielangebot gezielter als in manch anderen Jahren auf diese besonderen Wahrnehmungsbedürfnisse ausgerichtet sein. Bei zwei Buben braucht auch die Grob- und Feinmotorik fördernde Unterstützung. „Lernen durch Bewegung" kommt den kindlichen Bedürfnissen am meisten entgegen und stellt deshalb nach Möglichkeit jedes Jahr einen Angelpunkt in der Gruppengestaltung dar. In der letzten halben Stunde gehen dann die Kinder zurück in ihre Kindergartengruppen, die Mütter bleiben noch zum gemeinsamen Gespräch.

3. Beispiele eines Gruppenprotokolls

Gruppentag-Thema: Elementare Beschäftigung mit Ton

Felix und Mutter fehlen wegen Krankheit – 6 Kinder mit Mütter (Matthias mit Oma) da, Siegfried mit Bruder.
Während die Kinder die Beschäftigung mit Ton bereits aus dem Kindergarten kennen, ist sie für die Mütter neu. Kinder erklären den Müttern das Tonschlagen.
Wir lassen Tonberge wachsen, die dann durch Aushöhlen zu Schatzbergen werden. Frau Sch. gestaltet mit Michael einen Biergarten; die anderen ersteigen die „Berge", bauen Brücken von Berg zu Berg, fahren dann mit Autos und Motorrädern, stärken sich im „Biergarten", gra-

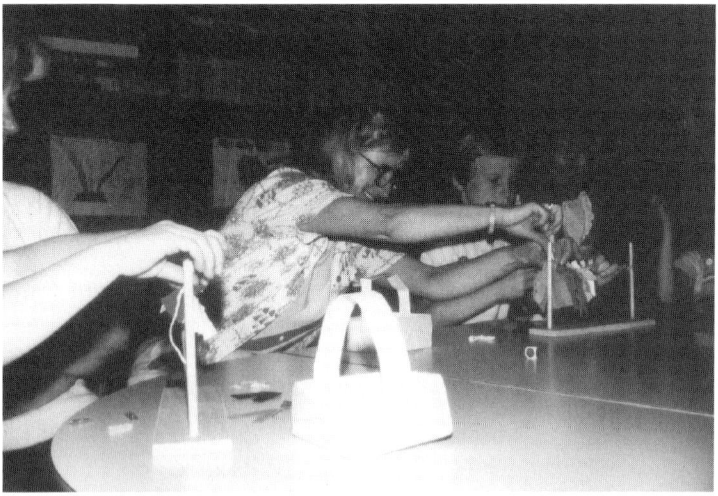

Abbildung 13

ben in den Bergen nach Schätzen und finden sogar welche.
Schließlich sind alle Berge durchlöchert und werden wieder abgebaut.
Jetzt werden Brote mit Muster geformt....

Reflexion:

Matthias und Michael haben feinmotorische Schwierigkeiten besonders beim vorsichtigen Aushöhlen.
Ruhige und ausgeglichene Atmosphäre. Gute Interaktion Mutter/Kind/Gruppe. Kreative Spielanstöße auch von den Müttern – Oma P. fühlt sich wegen der „schmutzigen" Hände unbehaglich. Erstaunlich lange Ausdauer (eineinhalb Stunden ausschließliche Beschäftigung mit Ton); selbst Andrea hält die ganze Zeit über mit.

Müttergespräch:

Die Mütter sind überrascht über das Zusammenspiel von Entstehendem und gleichzeitigen Spiel – erstaunt auch über die schnelle und problemlose „Spurenbeseitigung".

Über die Bedeutung der feinmotorischen Entwicklung – Unterstützung und Förderung z.B. mit Ton gesprochen. Weiterführende Anregungen für Zuhause gegeben. Thema Sauberkeit Zuhause bei der Beschäftigung mit Ton.
Empfehlung: Nach Möglichkeit im Freien – Tisch oder Boden mit starker Folie auslegen, altes Herrenhemd als Kittel.

Gruppentag-Thema : Den eigenen Körper wahrnehmen

Alle anwesend
Turnraum: Spiele zur Entwicklung eines guten Körperbewußtseins, insbesondere Körperbegriff und Körperschema, z.B. „Glühfaden", „Zwerg und Riese"
Mutter/Kind-Größenverhältnisse – messen, wie weit reicht ihr das Kind; wie sind die Größenverhältnisse von Händen und Füßen, wie groß sind die Spannweite, die Schritte ...
Mutter/Kind denken sich Spiegelbilder aus, die anderen machen sie nach
Was gibt es zweimal am Körper – Begriffsbildung „Paar"
Wettspiel: „Anziehen"
Das vor einiger Zeit von der Gruppe angefertigte "Wäscheleinenspiel" spielen (Abb. 20)
Gruppenraum: Selbstbild im Spiegel betrachten;
Selbstbildnis anfertigen. Kinder liegen auf unbedrucktem Zeitungspa-

pier (Abfallpapier bei Zeitungsverlagen), Mütter zeichnen die Umrisse ihrer Kinder. Kinder betrachten sich im Spiegel. Mutter und Kind malen zusammen das Selbstbildnis, Kinder schneiden es dann aus.

Reflexion:

Felix hat Schwierigkeiten mit den Körperbegriffen; allgemeine Unsicherheit rechts/links; Andrea malt der Mutter das Rockkaro nicht genau genug, sonst gute Mutter/Kind-Interaktion.

Müttergespräch:

Allgemein vom Produkt „Selbstbildnis" sehr angetan, es soll Zuhause seinen Platz an der Kinderzimmertür bekommen (Frau W.). Frau M. gesteht Schwierigkeiten in der Umsetzung beim Spiel „Spiegelbild" ein. Frau Sch. äußert sich enttäuscht über die Hilflosigkeit ihrer Tochter beim „Anziehspiel"; Schwierigkeit linker/rechter Schuh, Reißverschluß des Anoraks (Nächstes Mal an- und ausziehen in der Garderobe beobachten!).

Information und Diskussion über Körperschema, Körperbegriffe und ihre Bedeutung für die kindliche Entwicklung und Auswirkung auf andere Bereiche.

4. Beispiele aus dem Gruppenalltag

Jolanthe

Die ältere Tochter eines Akademikerehepaars (Mutter Lehrerin, zur Zeit nicht berufstätig), mußte wieder ausgeschult werden. Sie war zwar laut Test überdurchschnittlich intelligent, konnte sich jedoch absolut nicht in die Klassengemeinschaft und den Schulrhythmus einfügen. Nach Schilderung ihrer Lehrerin sprang Jolanthe manchmal ohne erkennbaren Anlaß auf, schrie aus Leibeskräften und machte damit eine geordnete Weiterführung des Unterrichts unmöglich. Nachdem medizinische Untersuchungen keine Auffälligkeiten feststellen konnten, empfahl die Schule den Eltern ausdrücklich während des Rückstellungsjahrs die Teilnahme an der Eltern-Kind-Gruppe, die im Nachbarort speziell für zurückgestellte Kinder eingerichtet war. Auch hier führte Jolanthes Verhalten in den ersten Gruppentagen mehrmals das vorzeitige Ende einer Tätigkeit herbei.

Im Gegensatz zur Schule war jetzt allerdings Zeit und Möglichkeit, auf die besonderen Bedürfnisse des Kindes einzugehen. Selbst sehr lernorientiert, sahen die Eltern den auf diesem Gebiet absolut altersgemäßen intellektuellen Entwicklungsstand ihres Kindes als **das** Kriterium der Schulfähigkeit und empfanden die Empfehlung zur Wiederausschulung als ungerechtfertigt. In den Müttergesprächen im zweiten Teil der Gruppenstunden erzählte Frau W.: „Wir haben uns als Eltern zum Erziehungsprinzip gemacht, jegliche Unterordnung und die damit verbundene Einengung in der Entwicklung von unserem Kind fernzuhalten. Wir sehen hierin die optimale Entfaltungsmöglichkeit für unser Kind".

Meist im Wechsel, mehrmals aber auch gemeinsam nahmen die Eltern an den Gruppenstunden teil. Deutlich waren hier die Schwierigkeiten zu erkennen, die die Eltern persönlich hatten, als sie das von der übrigen Gruppe abweichende Verhalten ihrer Tochter **miterlebten** und diese in Zusammenhang zu ihren Erziehungsprinzipien bringen mußten. Aber erst dieses aktive Miterleben konnte sie vom **sozialen** Entwicklungsdefizit ihrer Tochter überzeugen. Dank der Aufgeschlossenheit der Eltern konnte in Gemeinsamkeit mit der übrigen Gruppe dieser Rückstand weitgehend behoben werden, so daß einer erfolgreichen Wiedereinschulung im folgenden Jahr nichts mehr im Wege stand.

Peter

Nach langem Widerstand entschlossen sich die Eltern doch noch zur Wiederausschulung ihres Sohnes. Als Peter dann in die Gruppe kam, zeigte er ein ausgeprägtes kleinkindhaftes Verhalten: Er versteckte

Abbildung 14

sich hinter der Mutter und war zu keiner Tätigkeit ohne die Beteiligung der Mutter bereit. Wurde mal eine Aktivität mit altersgemäßem Leistungscharakter angeboten (zum Beispiel Arbeitsblätter aus Frostig: „Visuelle Wahrnehmungsförderung“[6]), lehnte er die Mitarbeit mit der Begründung ab: „Das kann ich nicht!“ Nach einiger Zeit verweigerte er die Beteiligung dann zwar nicht mehr, führte die Tätigkeiten aber nur sporadisch nach Lust und Laune aus, nicht aber in der von ihm altersgemäß erwarteten Weise. Gemeinsame Tätigkeiten Mutter/Kind machte die Mutter meist allein, damit das Ergebnis ja keine Mängel aufwies. Wagte Peter doch mal eine Arbeit allein, kritisierte die Mutter sofort mit Verbesserungsvorschlägen wie „das hättest du aber schon besser machen können“.

Durch die mütterliche Verhaltensweise konnte sich Peter in seiner Leistung nun nicht gerade bestätigt fühlen. Deshalb lehnte er rundweg jede Tätigkeit ab, die mit einer Verantwortung verbunden war. Beispielsweise wollte er beim Rollenspiel oder bei Suchspielen, etwa wie „ich seh' etwas, was du nicht siehst“, immer nur Zuschauer sein. Erst als er mit Hilfe der gesamten Gruppe den Mut aufbrachte, einem anderen Kind bei einem Suchspiel zu helfen, wurde dieser Bann gebrochen. Seither lehnte er nur noch selten die Beteiligung ab, fragte aber nach jeder Tätigkeit zweifelnd „habe ich das richtig gemacht?“ Im Müttergespräch begründete die Mutter das Verhalten des Kindes damit, daß sie wegen vielfältiger anderer Verpflichtungen (Mithilfe in der Arztpraxis ihres Mannes, weitere familiäre und gesellschaftliche Verpflichtungen) viel zu wenig Zeit für Peter habe. Der Vater, in seinem Beruf sehr erfolgreich, sei extrem leistungsbetont und bringe kein Verständnis für die Schwierigkeiten seines Sohnes auf.

Erst längeres direktes Erleben in der Gruppe machte die Mutter sensibel für die Schwierigkeiten ihres Kindes. Leider war hier der Vater zur Teilnahme nicht zu motivieren. In ausführlichen Gesprächen machte auch die Gruppe dieser Mutter klar, daß das primäre Ziel jetzt nicht die Perfektionierung von Leistungen, sondern unbedingt die Stärkung des Selbstvertrauens des Kindes sei – vor allem auch Zuhause.

Mehmed

Mehmed kam Mitte November in unsere Gruppe. Das Gespräch mit der Lehrerin, die seine Wiederausschulung veranlaßte, zeigte auf, daß

---

[6] MARIANNE FROSTIG:“Visuelle Wahrnehmungsförderung, Arbeitsblätter Bd. 1-3, Schroedel Schulbuchverlag, Hannover

er sehr ängstlich sich an alles Neue heranwagte, daß er den Lernanforderungen nicht entsprechen konnte, insbesondere im Lesen und Schreiben. Im Gespräch mit den Eltern erfuhr ich nun, daß die Familie seit zehn Jahren in Deutschland lebt und jetzt aufgrund der sich verschlechternden Arbeitsmarktlage fürchtet, mit Mehmed und seiner vier Jahre älteren Schwester in die Türkei abgeschoben zu werden.

Stolz und Befriedigung sind bei der Mutter herauszuhören, als sie – mühsam nach deutschen Worten suchend – von ihren sechs Kindern berichtet: Fünf Mädchen, vier bereits erwachsen und aus dem Haus, dann endlich der ersehnte Sohn. Er lasse es keinesfalls zu, schaltete sich nun der Vater ein, daß sein Sohn wie seine drei jüngeren Töchter auf die Sonderschule überwiesen werden; dieses Rückstellungsjahr und die Förderung in der Gruppe müssen die Voraussetzungen für die erfolgreiche Wiedereinschulung erbringen. Nachdem die Deutschkenntnisse der Mutter – zudem noch Analphabetin – äußerst dürftig, die des Vaters jedoch ausreichend waren, wurde die zusätzliche Teilnahme des Vaters in der Gruppe im Dreiwochenturnus (er hatte Schichtarbeit) vereinbart.

Abgesehen von einem leichten nervösen Spannungsverhalten zeigte sich Mehmed recht aufgeweckt und aktiv im Gruppenalltag – ausgenommen an den Anwesenheitstagen des Vaters: Sein sonst zeitweise leichtes Stottern ließ ihn jetzt kaum ein Wort einwandfrei aus dem Mund kommen. Gelegentliche Zornesausbrüche des Vaters konnte die recht stabile Gruppe einigermaßen abfangen und ihm nahebringen, daß das Stottern mit der Vater/Sohn-Beziehung zusammenhängen könnte.

Dank dieses Dabeiseins des Vaters konnte im Laufe des Jahres die Verbindung zu einem männlichen Familientherapeuten hergestellt und dadurch auch die Wege zur Einschulung in eine Sprachheilschule im kommenden Jahr geebnet werden.

VIII. Umsetzbarkeit auf den familiären Alltag

1. Zielrichtung

Die Gruppenangebote sind so ausgerichtet, daß die Mütter weiterführende Anregungen für Zuhause erhalten, die sie dann umsetzen können auf Gegenstände des häuslichen Bereichs und für gemeinsames Tun in der Familie. Ebenso wird der Verwendung jederzeit verfügbarer Materialien im Hinblick auf eine kreative Gestaltungsmöglichkeit der Vorzug gegeben: zum umsetzen können auf Gegenstände des häuslichen Bereichs und für gemeinsames Tun in der Familie. Ebenso wird der Verwendung jederzeit verfügbarer Materialien im Hinblick auf eine kreative Gestaltungsmöglichkeit der Vorzug gegeben: zum Beispiel Tastwahrnehmungen mit Gegenständen, die in jedem Raum vorhanden sind, selbst hergestellte Tastmemorys aus Stoffresten; Bewegungseinheiten mit Zeitungen, mitgebrachten Sofakissen, Luftballons, Konservendosen.

Nicht das Material soll in diesem Kapitel im Vordergrund stehen, sondern das Kind

- in seiner Gesamtpersönlichkeit
- mit seinen Stärken und Schwächen
- mit seinen kreativen Ideen.

2. Ganzheitlicher Aspekt

Aktivität setzt Bereitschaft voraus. Wichtige Voraussetzung ist also, daß das Kind auch Zuhause aktiv sein darf.

Wenn unsere pädagogischen Bemühungen erfolgreich sind, versteht uns das Kind und ist bereit mitzutun. „Wahrnehmen" ist nicht ein bloßer Strom von Informationen, sondern stellt ein sehr komplexes seelisches-körperliches Geschehen dar, das den **gesamten Menschen** erfaßt. Das betrifft Kinder ebenso wie Erwachsene – unter Berücksichtigung von sozialen, alters-, personen- und artspezifischen Einflüssen. Wenn also jemand in der Gruppe mittut oder nicht mittut – jung oder alt – sind das sehr komplexe Tatbestände, die nicht selten unerkannt bleiben und dann häufig zu Konflikten führen. Da nun diese

Eltern-Kind-Gruppen kind- und elternzentriert arbeiten und die Gruppenarbeit mit Eltern und Kindern zeitweise gemeinsam, zeitweise getrennt abläuft, kann die unterschiedliche Gruppenstruktur und -dynamik in ihrer Ganzheitlichkeit leichter überblickt und behutsam integriert werden. Darin liegt der spezifische innovative Ansatz dieser Eltern-Kind-Gruppen. Dieses gemeinsame Agieren in der Gruppe erst gibt den Eltern die nötige Sensibilität und Sicherheit zur Umsetzung auf den familiären Alltag.

Modisch und sportlich-elegant mit engem Rock, für unsere Aktivitäten aber ungeeignet, kommt häufig die attraktive Mutter von René in die Gruppe, obwohl die Mütter regelmäßig in die vielfältigen Tätigkeiten mitgestaltend einbezogen sind und deshalb zu Beginn des Gruppenjahres zu zweckmäßiger Kleidung geraten wurde. Während ihr Sohn den Kindergarten besucht, arbeitet Frau G. stundenweise in einer Boutique.

Abbildung 15

Aufgrund ihrer persönlichen intellektuellen Ausrichtung fällt es ihr schwer, einen Zusammenhang von Renés Wahrnehmungsschwierigkeiten und den vom Kinderarzt festgestellten Bewegungsstörungen zu sehen. Viel lieber würde sie mit ihm zusammen am Tisch die von ihr hochgeschätzten Arbeitsblätter durcharbeiten, die „banalen" Bewegungsspiele im Turnraum sind für sie vergeudete Zeit. Sie bezeichnet es sogar als Marotte ihres Kindes, daß es sich mit Vorliebe sogenannte Kuschelspiele wünscht, bei denen die Mütter als schützende „Behausung" agieren.

Im Laufe des Jahres paßt sie sich dann doch den Gruppenerfordernissen an. Um ihrem Kind das Ausgeschlossensein bei den Mutter/Kind-Bewegungsaktivitäten zu ersparen, legt sie ihren anfänglichen Widerstand ab. Die Freude und Zufriedenheit ihres Kindes bei Bewegungsspielen, seine zunehmende Aufgeschlossenheit und aufgrund dessen auch seine positive Verhaltensänderung überzeugen im Laufe des Jahres auch die Mutter.

3. Über die Stärken zu den Schwächen

Nehmen wir unseren Erwachsenenalltag zum Beispiel: Was wir können, tun wir meist gern. Tätigkeiten, bei denen wir uns nicht sehr sicher fühlen, schieben wir gern weit von uns weg. Wird nun eine Aufgabe gestellt, in deren Bewältigung das Kind sich unsicher fühlt, entsteht eine ganz ähnliche, eine natürliche Hemmschwelle.

Nochmals zu unserem Gruppenprotokoll mit dem „simplen" Beispiel Ton: Würde hier die Zielstellung Gebrauchskeramik (Tasse, Vase) lauten, würde das Kind sehr schnell die Lust am Töpfern verlieren, weil das Ziel ohne lange mühevolle Übungsschritte nicht erreichbar ist und die bewußt gewordene Unzulänglichkeit entmutigt.

Oder zum Beispiel Martin: Die Überforderung durch die Laubsägearbeit mußte ja entmutigen! Wie hätte er sich wohl verhalten, wenn der Vater ihm einen Fuchsschwanz gegeben hätte, um eine Leiste an einer beliebigen Stelle auseinanderzusägen oder eine Zange, um einen Nagel aus einem Brett zu ziehen?

4. Kreativität in der Erziehung

Ein schöpferischer, Neues gestaltender Mensch empfindet seinen Ideen und seinen Schöpfungen gegenüber eine Verantwortung, auch schon das Kind. Es besteht ein großes Bedürfnis nach Betätigung. Wird die Kreativität unterdrückt, läßt auch meist die Aktivität, das Engagement – auch für andere – nach. Der Hauptmangel unserer Kultur ist das Fehlen von Menschen mit kreativer Weitsicht. (*Progoff*)[7]. Pro-

[7] PROGOFF: „The Symbolic and the Real", New York: Julian Press, 1963

bleme hat das Kind nicht wegen seiner Fähigkeiten, sondern es wagt nicht, kreativ zu sein; alles Neue ist ungewiß. Wenn wir nicht kreativ sein können, fehlt es uns an innerer und äußerer Sicherheit. Notwendige Voraussetzung hierfür ist ein ständiger Kontakt mit der Innen- und Außenwelt. Neugierde macht uns der Außenwelt gegenüber offen. Wenn wir nicht kreativ sein können, fehlt es uns an Freiheit, uns selbst so anzunehmen wie wir sind. Ein Grundanliegen in der Erziehung muß also sein, Bewußtheit, Kreativität und Verantwortung so umfassend wie nur möglich zu fördern.

4.1 Wie können wir Kreativität in unseren Alltag umsetzen?

Grundvoraussetzung hierfür muß sein:

- Kreativitätsbewußtsein bei Eltern und Erziehern

  Was kann **ich** in und mit mir tun? – Es hängt also von mir selbst ab.

- Die kindliche Umwelt in geeigneter Weise gestalten
- Dem Kind helfen, spielen zu lernen

Spiele und Beschäftigungen werden hier also neben dem vorrangigen Fördergedanken für das Kind in der Absicht ausgewählt:

Abbildung 16

- **wo** liegen die individuellen Förderbedürfnisse,
- **was** will ich erreichen
- Nicht das Ziel, das Produkt soll im Vordergrund stehen, sondern der **Weg** dorthin mit möglichst vielen kreativen Seitenwegen.

Zurück zum Beispiel Tagesprotokoll „Elementare Beschäftigung mit Ton“ (VII, 3.):

Im Mittelpunkt steht das Material Ton. Erde und Wasser sind in einem bestimmten Verhältnis zu mischen, damit es unseren Vorstellungen und Anforderungen gerecht wird (schon ein Aha-Erlebnis für manche Mutter, die von gekauften Keramikgegenständen lediglich weiß, daß diese getöpfert sind). Das vorbereitete Material liegt nun als Klumpen vor uns. Jetzt stellt sich die Frage: was kann, was will ich damit machen? Auf die Gruppe bezogen:

– Wird es eine Einzeltätigkeit, in der jedes für sich nach eigenen Vorstellungen gestaltet?
– Wird es eine Zweieraktion Mutter/Kind?
– Wird es ein Gemeinschaftswerk der gesamten Gruppe?
– Ist ein Ziel vorgegeben oder lassen wir uns von bloßen Vorstellungen treiben?

Bleiben wir weiter beim Beispiel dieses Gruppenprotokolls:
Scheinbar zufällig und unbeabsichtigt führt die Gruppenleiterin die Spielgestaltung und läßt aus unscheinbaren Tonklumpen Schatzberge wachsen, über die später sogar auf dem Weg zum Biergarten noch Autos flitzen. Kann gemeinsames Spiel noch kreativer, noch ungezwungener sein?
Gestatten Sie mir hier ausnahmsweise, in diesem Zusammenhang beispielhaft eine stichpunktartige Analyse der Entwicklungs- und Förderkriterien aufzuzeigen, die in unserem Erziehungsalltag von Bedeutung sind:

- **Visuelles, taktiles, auditives Wahrnehmen** (wie sieht Ton aus, wie fühlt er sich an, wie hört er sich beim Schlagen an).
- **Geruchswahrnehmung** (wie riecht er)
- **Feinmotorik:** Kind möchte etwas Konkretes gestalten

- **Räumliches Vorstellungsvermögen**: Kann ich mit dem Material auch machen, was ich möchte, was ich mir gedanklich vorstelle? Damit ist auch bereits eine Zielvorstellung verbunden.
- **Sozialempfinden**: Wir machen es gemeinsam, deshalb Rücksicht auf die anderen.
- **Ausdauer und Geduld**
- **Eigenverantwortung**
- **Stärkung des Selbstvertrauens**
- **Freude am Tun.**

So viele und noch viel mehr Lernprozesse in einem Spiel, in dem von „Lernen" nichts zu merken ist. Jedes Kind kann das einbringen, was es kann.

IX. Förderbereiche

1. Bedeutung der Bewegung

Der Stellenwert, den Institutionen wie Kindergarten, mehr aber noch Schule, der Bewegung einräumen, entspricht keineswegs der Bedeutsamkeit für die kindliche Entwicklung und Förderung. Ist beispielsweise der Stundenplan in der Schule zu umfangreich, beginnen die Streichungen in der Regel beim Sportunterricht; der Rotstift bei der Kindergartenplanung und -gestaltung setzt bei der Raumzuweisung für den Bewegungsbereich an. Dabei ist die materielle Ausstattung von untergeordneter Bedeutung. Vorrangige Bedeutung jedoch haben hier die bereits angesprochenen Themenbereiche Ganzheitlichkeit (VIII,2.) und über Stärken zu Schwächen (VIII,3.).

Die Bewegung als „Weg zum Kind" unterstützt allmählich den Aufbau eines positiven Körper- und Selbstwertgefühls. Nach J. Ayres[8] stehen unsere körperlichen Aktionen in Beziehung zum Raum, der uns umgibt: *„Unsere Fähigkeiten, die Ausdehnung des Raumes zu erfassen und die Beziehungen unseres Körpers zum Raum, sind Verarbeitungsprozesse, die wir zu lernen hatten."*

Abbildung 17

[8] J. AYRES: „Bausteine des kindlichen Entwicklung", Berlin/Heidelberg 1984

Abbildung 18

Die Motorik hat einen entscheidenden Einfluß auf die gesamte Entwicklung eines Kindes. In der Bewegung entdeckt und erlebt das Kind die Umwelt mit seinem Körper und erfährt dadurch ein natürliches Körperbewußtsein. Gerade in der Kleinkindphase spielt die Entwicklung der Motorik eine wesentliche Rolle. Hier werden auch die Grundbausteine für spätere Verhaltensweisen gelegt. Aufgestaute Gefühle können über motorische Handlungen freigegeben werden. Auch das Akzeptiertwerden in der Gruppe wird durch eine gut entwickelte Motorik erleichtert (z.B. über sportliche Leistungen). Motorisch ungeschickte Kinder nehmen in Gruppen häufiger Außenseiterpositionen ein und sind zudem ängstlicher und weniger selbstbewußt als motorisch geschickte Kinder.

Eine gehemmte motorische Entwicklung hat häufig eine verzögerte psychische und kognitive Entwicklung zur Folge. Dies resultiert aus der Tatsache, daß bei einer normalen Entwicklung der Kinder alle psychischen Bereiche (z.B. Kognition, Motorik, Sensorik, Emotionen, Sozialverhalten) miteinander in Wechselwirkung stehen. Kognition und Motorik sind im Kleinkindalter noch nicht getrennt. Kinder, die an reinen Bewegungsprogrammen teilnahmen, erzielten auch in Intelligenztests bessere Ergebnisse.

Wahrnehmung

|

Sozialisation ——— **Motorik** ——— **Emotion**

|

Kognition

Gern beobachte ich auf meinen Reisen, die mich in Länder führen, den Lebensalltag dieser Menschen, insbesondere der Kinder, der noch nicht von den Errungenschaften der modernen Technik bestimmt ist, wo die Füße noch Verkehrsmittel Nr. 1 sind. Ihr „Spielzimmer" liegt in Gottes Natur und wird nicht auf wenige Quadratmeter eingeschränkt, ihr Spielmaterial liegt „auf der Straße". Selten spielt hier ein Kind allein, fast immer bilden sich Gruppen unterschiedlichen Alters. Kreativität bestimmt die Spielsituation, Lösungswege müssen gemeinsam gefunden werden. Was mich dabei immer wieder besonders beeindruckt: Ohne Aufsicht von Erwachsenen spielen die Kinder oft stundenlang friedlich miteinander; erfinden „aus nichts" erstaunliche Spielvariationen. Ich kann mich allerdings nicht erinnern, daß ich jemals zwei Kinder ernsthaft miteinander streiten oder aggressiv und handgreiflich gegeneinander sah.

In Nepal schaute ich dem Schusserspiel von fünf Buben im Alter von 6 – 9 Jahren zu. Die vorhandenen drei Glasmurmel waren natürlich nicht ausreichend für das geplante Spiel. Deshalb fertigte sich jedes Kind mehrere gleichgroße Kugeln aus Lehmerde selbst an. Ähnlich dem französischen Boulespiel mußten diese möglichst nah an die Glaskugeln gerollt werden; natürliche Hindernisse bildeten dabei unebene Pflastersteine, Löcher etc. Nach ihrer Spielregel galt nicht den kürzesten, sondern den Weg zu finden, der sie in einem Schwung so nah wie möglich an die Glaskugeln brachte.

1.1 Lernen durch Bewegung

„Indirekt beeinflußt eine motorische Leistungsfähigkeit das gesamte Lernvermögen, weil sie auf das Körperbewußtsein und grundlegende Fähigkeiten wie Gedächtnistraining, Wahrnehmungfertigkeiten, Konzentration, Zeit- und Raumorientierung, , assoziative Prozesse und die Fähigkeit, Probleme zu lösen,, einwirkt – Fähigkeiten, die dem Lernprozeß zugrunde liegen und den Kindern ermöglichen, sowohl außerhalb wie innerhalb der Schule zu lernen."[9]

Die körperliche Tüchtigkeit eines Kindes und seine Bewegungsform beeinflussen alle seine psychischen Fähigkeiten: seine Fähigkeiten, sich mitzuteilen, Probleme zu erkennen und zu lösen, mit anderen zu fühlen und auszukommen. Die natürliche Bewegungsfreude eines Kindes und das Gefühl der Körperbeherrschung, sobald es auf diesem

---

[9] M. FROSTIG: „Bewegungserziehung", München-Basel 1980

Gebiet Fortschritte macht, heben sein seelisches Wohlbefinden. Grundlegende Eigenschaften eines Kindes, z.B. seine Reaktionsgeschwindigkeit, die Fähigkeit zu Aufmerksamkeit und Selbstkontrolle können intensiviert, das Bewußtsein für seine Umwelt, das Empfinden für zeitliche und räumliche Dimensionen im gesamten Erfahrungsbereich geschärft werden.

Raum- und Zeiterfahrung gewinnt das Kind bei handelndem Tun und nicht durch passives Zuschauen. Was liegt also näher, als hierfür reichhaltige und vielfältige Gelegenheiten zu schaffen: Lauf- und Zählspiele, Seilspringen, Tanzen, Partnerübungen,, Radfahren, Zieh- und Schiebegräte... sind nur einige Anregungen von vielen. Besondere Bedeutung kommt den vielen Ballspielen zu; hier ist neben der Beherrschung von Raum und Zeit noch die Kraft- und Bewegungsdosierung vonnöten. Auf der Wippe kommt das Kind in Berührung mit dem Gewicht, erfährt die Zusammenhänge von leicht und schwer, erlebt die Auswirkung von Gewichtsverlagerungen, empfindet eine Form des Gleichgewichts, der Balance.

Viele Klein- und Kindergartenkinder machen heute zu wenige auf konkretem Handeln und Bewegen beruhende Erfahrungen. In der Schule werden anschauliche Lerngrundlagen häufig zu schnell von abstrakten Inhalten abgelöst, da unser Schulsystem – gesellschaftlichen Normen entsprechend – auf ein möglichst hohes geistiges Niveau abzielt. Bei Schulanfängern, die in ihrer Entwicklung diese Handlungs- und Bewegungsbedürfnisse nicht ausreichend befriedigen konnten, entstehen Wissenslücken, die sich mit dem Voranschreiten des Lernstoffes vertiefen und von der Schule dann nicht mehr ausreichend behoben werden können.

Unser Leben findet in „Räumen", in unserem Kulturraum fast ausschließlich in Innenräumen, statt. Alle körperbezogenen Aktionen vollziehen sich in dem Raum, der zur Verfügung steht. Ein Kind, das nicht gelernt hat, wieviel Raum ihm zur Verfügung steht, und wie es sich in diesem Raum zu orientieren und bewegen hat, dem wird es später schwerfallen, mit seiner Umwelt zurechtzukommen.

Bessere physische und folglich auch psychische Gesundheit steht im engen Zusammenhang mit der Fähigkeit, sich auf Aufgaben zu konzentrieren und zu lernen und trägt zur Verbesserung der Lernfähigkeit in der Schule bei.

1.2 Bewegung und Gesundheit

Zu den häufigsten Gesundheitsschäden bereits im Kindergartenalter und in steigendem Maße in den ersten Schuljahren gehören schlechte Haltung und falsche Bewegungen und daraus resultierende spätere Rücken- und Kreuzschmerzen.

Kinder sind oft in ihrem Bewegungsdrang ernstlich eingeschränkt. Vielen, die in Großstädten leben und sogar solchen, die in Vororten aufwachsen, fehlt es an geeignetem Platz zu freier Bewegung und selbsterfinderischen Spielen. Viele Kinder verbringen in ihrer Freizeit einen Großteil sitzend vor dem Fernseher oder Computer.

Mit zunehmender Automatisierung und der allgemein verbreiteten mechanischen Fortbewegungsweise schwindet bei den meisten Menschen aller Altersstufen der Anreiz und Antrieb zu körperlicher Betätigung, ja Anstrengung. Dies führt zu dem Ergebnis, daß Muskel- und Kreislaufschwächen weit verbreitet sind; Erkrankungen des Kreislaufs sind bei uns Todesursache Nr. 1! Körperliche Betätigungsmöglichkeiten sind deshalb für alle Altersgruppen notwendig und können bei Kindern nicht früh und intensiv genug begonnen werden.

Untersuchungen an bayerischen Schulanfängern (HOLZAPFEL)[10] ergaben, daß heute rund 60 % der Kinder Haltungsschwächen und -schäden, ca. 30 % Übergewicht, etwa 40 % ein schwaches Herz-Kreislaufsystem und 40 % muskuläre Schwächen und Koordinationsprobleme aufweisen. Konsequenzen hat das Ministerium daraus allerdings bis jetzt noch nicht gezogen, ganz im Gegenteil: der Sportunterricht an bayerischen Schulen gerät immer mehr ins Abseits.

1.3 Interkation Mutter/Kind in der Bewegung

Geradezu widersinnig erscheint es, daß das natürliche Bewegungsbedürfnis so wenig Beachtung findet. Spiegelt sich hierbei vielleicht gar eine Beziehungslosigkeit von uns Erwachsenen zu Bewegungsaktivitäten wider? – trotz des gesellschaftlichen Stellenwertes „Sport“!

Obwohl Bewegung in vielfältiger Form zu unserem Gruppenalltag von Mutter und Kind gehört, gehört es ebenso zu unserem Gruppenalltag, daß Mütter durch unzweckmäßige Kleidung (enger Rock etc.) sich absichtlich weitgehend von der aktiven Beteiligung ausschließen. Wie sehr aber die innere Einstellung (oder Ablehnung) der Mutter das kind-

---

[10] T.KUNZ: „Psychomotorische Förderung – ein neuer Weg der Unfallverhütung im Kindergarten, 1989

liche Bewegungsverhalten beeinflußt, wurde mir an einem Gruppentag mit dem Thema „Bewegungserfahrung im Wasser“ bewußt:

> *Übermütig tummeln sich die sieben Kinder mit ihren Müttern im Lehrschwimmbecken eines Hallenbades, das uns für einen Gruppentag zur Verfügung steht. Obwohl die Wassertiefe auf 80 cm reduziert ist, tragen alle Kinder (sechs Jahre alt) aus Sicherheitsgründen Schwimmflügel an den Armen. „Eure Muttis warten schon im Wasser auf euch; springt zu ihnen hinein.“ Beim Kommando >springt< bleiben drei Kinder zaudernd am Beckenrand stehen und trauen sich offensichtlich nicht zu springen. Ist es Zufall, daß ausgerechnet die Mütter dieser Kinder nicht schwimmen können oder überträgt sich vielleicht eine unbewußte Angst der Mutter auf das Kind?*

Positive Bewegungserlebnisse in der Gruppe hingegen geben der Mutter oftmals den Anstoß, selbst sportliche Aktivitäten wieder aufzunehmen und auch die Familie zu mehr Bewegung zu motivieren.

1.4 Kreativität in der Bewegung

Untersuchungen bei Kindern zeigen, daß bestimmte Fähigkeiten sich in einer festen Reihenfolge entwickeln. Gewöhnlich lernt ein Kind laufen, bevor es lernt, in Sätzen zu reden. Lange bevor es mit Bleistift und Schere umzugehen versteht, lernt es, nach Objekten, z.B. Klötzen zu greifen und sie aufeinanderzusetzen. Diese Fähigkeiten sich zu bewegen, zum handelnden Tun, zum sicheren Umgang mit Gegenständen, bilden die Grundlage für die gesamte spätere kindliche Entwicklung. Kreative Bewegung befaßt sich mit allen Apsekten dieser Entwicklung; sie umfaßt das Kind in seiner Gesamtheit.

Eine enge Beziehung besteht zwischen Kreativität und Verantwortung. Ein schöpferischer Mensch, auch das Kind in kreativer Bewegung, empfindet sein „Werk“ als Teil seines Selbst und übernimmt hierfür auch die Verantwortung. Es motiviert ihn, Neues zu schaffen, immer neue Aktivitäten zu entwickeln. Eine Einschränkung dieser Kreativität aber führt zur Passivität.

Neurophysiologische Untersuchungen haben ergeben, daß für die Entwicklung des Vorstellungsvermögens eine kreative Bewegung wirkungsvoller sein kann als irgendeine andere Aktivität. Eine kreative Bewegung, die sowohl die Bewegung als auch die Vorstellungskraft beinhaltet, vermittelt ein Höchstmaß des Zusammenwirkens der Funktionen.

Im Kindergartenalter besitzen die Kinder bereits ein umfangreiches Bewegungsvokabular: Sie laufen, hüpfen, springen, klettern, spielen mit dem Ball, den Reifen und Geräten. Dieses ist beliebig kombinierbar und bietet eine schier unerschöpfliche Fundgrube für kindliche Ideen. Die simple Frage, „Wie könnt ihr das Hüpfen verändern“ oder „was könnt ihr mit dem Ball noch machen“, spornt den Erfindergeist der Kinder an. Die Aufgabe der Erzieherin/des Erziehers, aber auch der Eltern, ist hierbei lediglich, diese Aktivitäten entsprechend zu steuern, nicht aber Befehle und Anweisungen zu erteilen. Wichtig ist, daß jedes Kind seinen *eigenen* Lösungsweg für die Bewegungsprobleme finden darf.

Die Gesten und Bewegungen drücken Stimmungen und eine innere Haltung aus, sie erwecken diese aber auch. Deshalb sollte nach Möglichkeit die Äußerung negativer Gefühle nicht unterdrückt werden, denn sie stellen für Gefühlsreaktionen ein wertvolles Ventil dar.

Ganz bewußt gestalte ich Bewegungseinheiten mit atypischem Material, mit Gegenständen, die in jeder Familie vorhanden sind: Zeitun-

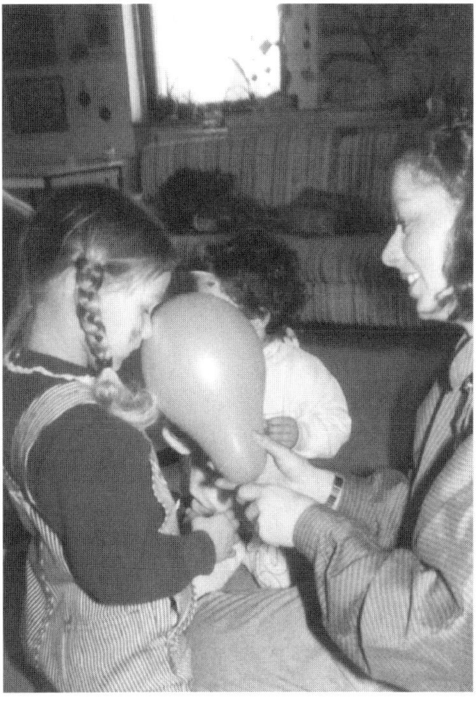

Abbildung 19

gen, Sofakissen, Konservendosen, Tücher, Luftballon etc.. Diese „Geräte“ geben keine Regel vor, sondern räumen der Kreativität und Spontaneität von Mutter und Kind breiten Raum ein, berücksichtigen dabei aber auch auf vielfältige Weise den Förderaspekt aus ganzheitlicher Sicht und geben Anregung zu gemeinsamem Tun in der Familie.

Spielbeispiele mit der Zeitung:

- Jedes Mutter/Kind-Paar erhält ein Zeitungsdoppelblatt; dieses bildet jeweils die persönliche Insel oder das Haus.
- Nun gilt es, besondere Merkmale dieses Blatts zu finden.
- Alle laufen im Raum, auf Kommando laufen Mutter und Kind zu ihrer „Insel“, ihrem Zeitungsblatt.
- Das Wasser spült Teile der Insel weg. Durch Falten verkleinert sich die Insel jeweils um die Hälfte. Wie lange finden Mutter und Kind Platz auf der immer kleiner werdenden Insel? Immer finden sich neue Möglichkeiten (eng aneinanderkuscheln, Kind klammert sich an Mutter, Mutter nimmt Kind auf den Arm usw.).
- Mit allen Zeitungsblättern wird eine Straße gelegt; es wird darübergelaufen, ohne die Straße zu beschädigen.
- Über Wassertümpel springen: Auf dem Boden liegende Zeitungsteile (evtl. verschiedener Größe) stellen Wassertümpel dar, über die gesprungen werden soll.
- Zeitung auf dem Kopf balancieren;
- Mutter und Kind liegen sich in Bauchlage gegenüber und „lesen“ die in der Mitte gemeinsam gehaltene Zeitung;
- Mütter halten Zeitung zum Tunnel, Kinder schlüpfen durch;
- Eine Mutter geht vor die Tür. Alle Kinder werden mit Zeitungen vollkommen zugedeckt. Mutter soll ihr Kind an den Konturen erkennen.
- Die Zeitung wird zu einem Stab gerollt und balanciert.
- Mütter und Kinder finden selbst viele weitere kreative Spiele hierzu.

Der Leistungscharakter spielt bei diesen Bewegungsspielen – im Gegensatz zum üblichen Sportunterricht – eine ganz nebensächliche Rolle. Unter Druck setzen, Gefühlen und Kreativität Grenzen setzen, auch in der Bewegung – kann zu Angst und Haßgefühlen führen. Kinder reagieren auf Zwänge mit der Entwicklung von Verhaltensstörungen. Dies aber ist von besonderer Bedeutung für gehemmte, ängstliche und bewegungsbeeinträchtigte Kinder. „Körperbeherrschung ist der erste Schritt zur Selbstbeherrschung „ verdeutlicht, wie sehr neben der Motorik auch Geist und Psyche gefordert sind.

1.5. Assoziative Zusammenhänge in der Bewegungserziehung

Zur Bewältigung unserer Alltagsanforderungen müssen wir verschiedene Fähigkeiten gleichzeitig ausüben (z.B. während des Gehens sprechen, während des Tragens von Gegenständen eine Treppe hinaufgehen). Wir müssen Umweltreize auswählen und sie miteinander in Verbindung bringen, unsere Wahrnehmungen so integrieren, daß sie ein einheitliches und zusammenhängendes Bild ergeben, unsere Wahrnehmungen mit der Erinnerung an frühere Erfahrungen integrieren. Hierzu bietet geradezu die Bewegungserziehung unendliche Möglichkeiten, um diese assoziativen Prozesse zu fördern und damit gleichzeitig ein Problemlöseverhalten zu trainieren. Wenn irgendeiner der assoziativen Prozesse gestört oder nicht altersgerecht entwickelt ist, wird alles Lernen behindert und eine befriedigende Integration von Sinneswahrnehmungen nicht möglich.

Eine Zielsetzung in meinen Eltern/Kind-Gruppen mit den von der Schule zurückgestellten Kindern war auch die Erarbeitung des Zahlenbegriffs von 1 – 6 auf der Basis der Würfelpunkte. Natürlich bestand hierfür im Hinblick auf schulisches Lernen von seiten der Eltern großes Interesse, aber auch große Skepsis, daß für die Vermittlung von fundierten Beziehungen zu den Zahlen auch die spielerische Umsetzung in den Bewegungbereich gehört, beispielsweise die gewürfelten Punkte in Schritten und anderen Bewegungsaktivitäten auszuführen. Allerdings führten gelegentliche Schwierigkeiten hierbeis selbst bei den Müttern zu einem schnelleren Verständnis.

Geradezu erschreckend steigt die Zahl der Schulanfänger, die Schwierigkeiten bei der Befolgung von Anweisungen haben. Eine gute Trainingsmöglichkeit bildet die Bewegungserziehung, bei der die Kinder auf spielerische Weise daran gewohnt werden, auf Instruktionen zu reagieren.

Positiven Einfluß nimmt die Bewegungserziehung auch auf Gesundheitszustand und Wohlempfinden. Blutzirkulation und Abwehrkraft gegenüber Krankheiten werden durch körperliche Aktivität gestärkt. Schlechte Körperhaltung und falsche Bewegungsmuster sind die häufigsten Beanstandungen bereits bei der Schuleingangsuntersuchung. Die Verordnung von krankengymnastischen Übungen kann nur unbefriedigendes Stückwerk bleiben, wenn es nicht gelingt, auch zu entsprechendem Bewegungsverhalten im kindlichen Alltag zu motivieren, der nahezu unbegrenzte Möglichkeiten bietet (z.B. Treppensteigen statt Liftbenutzung; Einkäufe, Weg zum Kindergarten/Schule möglichst zu Fuß). Das kann jedoch, je kleiner das Kind ist, umso weniger ihm allein übertragen werden. Vielmehr bedeutet dies häufig auch eine nicht unbeachtliche Umstellung im elterlichen/mütterlichen Alltag.

1.6 Bedeutung der Prävention in der Bewegungserziehung

Prävention: Das heißt eine zur rechten Zeit vorbeugende und durch viel Übung gefestigte Aneignung von Fertigkeiten. Neben der sachgemäßen Vermittlung der geforderten Techniken ist auch die entsprechende Zeit zum Üben und Festigen vonnöten, damit neu Hinzugelerntes in Krisen- und Streßsituationen (in der Schule) auch situationsgerecht angewandt werden kann.

Wann ist Prävention gefordert? „Der günstigste Zeitpunkt für den Beginn der Behandlung einer Entwicklungsstörung liegt vor ihrem eigentlichen Auftreten“.[11] Prävention – also Vorbeugen – ist in unserem Kulturbereich leider negativ besetzt, etwa „so was haben wir nicht nötig“; sie ist defizitorientiert, macht also auf zukünfitge mögliche – vielleicht gar nicht auftretende – Schwierigkeiten aufmerksam.

Es ist daher auch verständlich, daß Eltern einer Prävention im Kindergartenalter nicht sehr zugänglich sind; sie sind ja meist überzeugt, daß ihr Kind kommende Hürden ohne Schwierigkeiten schaffen wird. Auch erfährt gerade der Bewegungsbereich nicht den Stellenwert, der für eine ernstzunehmende Prävention akzeptiert wird. Eine verbale Beratung außerhalb des Geschehens kann deshalb nicht die gewünschte Einstellungsänderung zu dieser Thematik herbeiführen. Erst im gemeinsamen Tun im Spiel, in der anschließenden Information über pädagogische und entwicklungspsychologische Zusammenhänge und der weiterführenden Anregung für die Umsetzung in den Familienalltag ist diese zu erreichen.

---

[11] P.ZINKE-WOLTER: „Spüren – Bewegen – Lernen“, S. 227, borgmann publishing

Psychomotorik und Motopädagogik sind längst feste Bestandteile in der Therapie. Es soll aber keineswegs bei den Lesern der Eindruck entstehen, daß hier zu einer Mini- oder Pseudotherapie im Kindergarten motiviert wird. Absicht ist auch hier wiederum, Eltern und Erzieher zu sensibilisieren, offen zu sein für die vielfältigen Bewegungsbedürfnisse und -möglichkeiten unserer Kinder, um dadurch bereits vorbeugend eventuell entstehenden Schwierigkeiten, die später zu Störungen und teurer Therapie führen könnten, zu begegnen. Jede mit Freude und Lust ausgeführte Bewegung, sei sie angeleitet oder aus der eigenen kindlichen Initiative entstanden, gibt dem Kind die Bestätigung, daß es bewußt diese Bewegung ausführen kann und stärkt somit auch sein Selbstbewußtsein und Selbstwertgefühl.

Bewegung vermittelt auch Raumerfahrung. Diese wiederum ist unabdingbare Voraussetzung für mathematisches Verständnis. Mathematisches Denken ist Denken in Raum, Zeit und Form.

Wissenschaftliche Untersuchungen weisen in letzter Zeit ein gravierendes Ansteigen der Rechenschwäche aus. Bei den betroffenen Kindern taucht beispielsweise in der Anamnese immer wieder auf, daß viele dieser Kinder nicht gekrabbelt sind; daß sie also ein erstes Raumerfahrungsdefizit schon aus dieser Zeit aufweisen. Beengte Wohnverhältnisse, übertriebener Ordnungssinn, passive Freizeitgestaltung durchs Fernsehen, wenig kreative Spielanregungen sind geradezu „ideale“ Voraussetzung zur Vermeidung von weiteren notwendigen Raumerfahrungen.

Viele Kinder mit Lernschwierigkeiten haben Mühe, sich Gemeinschaftssituationen anzupassen. Eine gute Präventivmaßnahme stellt auch hier die Bewegungserziehung dar. In geeigneten Bewegungsspielen in der Gruppe kann die Intensität und die Dauer der sozialen und körperlichen Kontakte kontrolliert werden, z.B. freies Laufen im Raum mit der Vorgabe, daß weder eine andere Person (Kind oder Mutter) oder ein Gegenstand berührt wird; auf ein vereinbartes Zeichen sofort stehenbleiben. Verständnis bei den Eltern für die beim Kind hierbei ablaufenden Lernprozesse kann nicht im Gepräch außerhalb des Geschehens, sondern nur durch gemeinsam erlebte Bewegungsaktivitäten in der Eltern/Kind-Gruppe vermittelt werden.

Interessant waren hier Beobachtungen im Vergleich zum Verhalten afrikanischer Kinder. Bei diesen Laufspielen haben sie keine Schwierigkeiten in der Raumnutzung, während bei uns die Gruppen schon nach kurzer Zeit zur Raummitte tendieren, Schwierigkeiten im Ausweichen haben und den übrigen Raum ungenutzt lassen. Dort sind nach wie vor die Füße das einzige Verkehrsmittel, die allein für die Alltagsbewältigung täglich mehrere Kilometer zurücklegen müssen. Ihre Hütten sind nur zum Schlafen. Spielplatz ist Gottes freie Natur, die auch das Spielzeug schenkt. Diese Weite des „Raums" stimmt sozialverträglich; stundenlang spielen die Kinder friedlich miteinander, an aggressive Auseinandersetzungen kann ich mich nicht erinnern.

Während bei uns Lauf- und Konzentrationsspiele als Training sensorischer Integration gestaltet werden, ist diese dort zum Schutz vor lauernden Gefahren, beispielsweise wilde Tiere, lebensnotwendiger Alltag. Wenn auch bei uns der zur Verfügung stehende Raum immer mehr eingeschränkt wird, dürfen „Schritte in die Zukunft unserer Kinder" als gesellschaftlicher Erziehungsauftrag sich nicht nur auf den Kopf, die Kognition, beschränken, sondern haben dafür zu sorgen, daß der „ganze Mensch" – Körper, Geist und Seele – seinen Alltag gut bewältigt.

Muß eigentlich immer ein Akutereignis vorliegen, bevor Präventionsmaßnahmen akzeptiert werden?

1.7 Körperbewußtsein und Bewegung

Körperbewußtsein, was heißt das eigentlich?
Schon das Baby in den ersten Monaten nimmt – zuerst unbewußt, dann aber immer bewußter seinen Körper wahr: Es beobachtet die zappelnden Finger, Arme und Beine. Allmählich versucht es einen Gegenstand zu ergreifen. Erst wenn die Bewegungskoordination stimmt, wenn die Hand den gewünschten Gegenstand bewußt erreicht, ist es in der Lage, die Bewegung zielgerichtet auszuführen.

Ein weiteres Beispiel aus der frühen Kindheit: Beobachten wir ein Kindergartenkind am Klettergerüst und erinnern uns an dessen erste tolpatschige Schritte. Dazwischen liegt ein Zeitraum von nur zwei oder drei Jahren. In dieser Zeit konnte das Kind ein für diese Bewegungen notwendiges Körperbewußtsein entwickeln. Ohne das würde beispielsweise das Klettern vermutlich zu Sturz und Verletzung führen.

Voraussetzung für eine gute seelische und körperliche Entwicklung ist neben der Wahrnehmung mittels der Sinnesorgane auch die Wahrnehmung des eigenen Körpers, das Körperbewußtsein. Ohne dieses kann das Kind in seiner frühen Kindheit nicht das „Es", d.h. sich selbst in der dritten Person darstellen und infolgedessen auch sein späteres „Ich" nicht befriedigend entwickeln. Das Körperbewußtsein wird von allen Bereichen der kindlichen Entwicklung beeinflußt; Körperbewußtsein sagt aus:

- aus welchen Teilen besteht mein Körper (Körperbegriff)
- was kann ich mit meinem Körper alles tun, welche Bewegungen kann ich mit meinem Körper ausführen (Körperschema)
- welche Empfindungen kann ich mit meinem Körper ausdrücken, wie fühle ich mich (Körperimago)

Ein wichtiges Ziel der Bewegungserziehung ist, daß die Kinder ein stärkeres Bewußtsein der muskulären Rückkoppelung und somit der Bewegungen, auch der „unbewußten", ihres Körpers bekommen.

Diese Körperwahrnehmungen ohne Bewegung zu entwickeln, zu fördern, zu stabilisieren, ist nicht möglich. Es liegt deshalb nahe, das kindliche Bewegungsbedürfnis zu nützen und dem Lernen durch Bewegung möglichst breiten Raum zu gewähren. Diese bedeutsamen Zusammenhänge den Eltern im reinen Beratungsgespräch außerhalb des Geschehens nahezubringen, ist nur unbefriedigend möglich.

Ein nicht altersgemäßes oder gestörtes Körperbewußtsein beeinflußt praktisch alle kindlichen Entwicklungsbereiche, beispielsweise

- Ein Kind, das sich mit vier Beinen oder ohne Hände malt, hat noch nicht die nötige Kenntnis von seinem Körper und ist nicht Sache des „Zeichnen-könnens".
  Folglich kann es somit diese Körperteile auch in der Bewegung nicht entsprechend abschätzen:
  beispielsweise was kannich oder kann ich nicht mit meinen Beinen.
- Ein Kind, das sich der Bedeutung seiner Hände nicht altersgemäß bewußt ist, kann natürlich auch keine altersgemäße Feinmotorik entwickeln – eine unabdingbare Voraussetzung fürs Schreibenlernen usw.

Beispielhaft wird an dieser Stelle wiederum an das zitierte Gruppenprotokoll „Den eigenen Körper wahrnehmen" erinnert:

- Spielerisch werden die Größenverhältnisse von Mutter und Kind wahrgenommen und „gemessen" und dadurch das Körperbewußtsein, gefördert;
- „Was gibt es zweimal am Körper?" – Begriffsbildung „Paar", links-rechts usw.
- Wettspiel „Anziehen": Bewußtwerden des Körperschemas: welche Bewegungen sind notwendig für die einzelnen Anziehvorgänge
- Mutter und Kind denken sich „Spiegelbilder" aus, die anderen machen sie nach und stärken damit die Entwicklung des Körperimagos.

Bewegungserziehung lehrt Bewegungskontrolle und damit auch Selbstkontrolle. Bei der Durchführung von Bewegungsfolgen muß ein Kind Bewegungen vermeiden, die den exakten Ablauf beeinträchtigen würden. Auf diese Weise lernt ein Kind, eine Bewegungsfolge innerhalb von festgesteckten Grenzen durchzuführen. Hände beispielsweise können beim Tragen eines Tabletts von einem Platz zum anderen keine andere Tätigkeit ausführen, ohne es fallenzulassen.

Das Körperbewußtsein wird von allen Bereichen der kindlichen Entwicklung beeinflußt: von sensomotorischen Funktionen, kommunikativen Prozessen, Wahrnehmung, geistigem Fassungsvermögen, emotionaler Entwicklung und sozialer Anpassung. Einen wichtigen Vermittlungsbereich stellt hierbei die Bewegungserziehung dar, die gute Gelegenheiten zu kreativen eigenen Aktivitäten bietet, damit das Selbstwertgefühl steigert und Erfolgserlebnisse vermittelt. Ein Mangel an Körperbewußtsein hingegen führt zu Störungen vor allem der visuellen Wahrnehmung, beeinträchtigt die Lernfähigkeit, die intellektuelle Leistungsfähigkeit und das seelische Wohlempfinden

1.8. Körperliche Geschicklichkeit und sprachlicher Ausdruck

Grob- und Feinmotorik sind im Kindergartenalter als Ausdrucksgeschehen in ihrer Einheit von Wahrnehmung und Bewegung von entscheidender Bedeutung. Das Umsetzen einer Idee oder einer Vorstellung erfordert eine Vielzahl von Mechanismen, die zu einem einheitlichen Bewegungsablauf zu integrieren sind. Diese sind mühelos annehmbar im eigenen Erleben, aber schwierig zu übernehmen in der mündlichen Erklärung außerhalb des Geschehens.

Bewegungserziehung kann auch die Fähigkeit fördern, einfachen Anweisungen zu folgen und zeitliche und räumliche Begriffe zu lernen. Sprachliche Ausdrucksfähigkeit, logisches Denken und motorisches Planen werden verstärkt geübt, wenn die Kinder ihre Aktivitäten erklären, an der Planung beteiligt werden und selber Anweisungen geben dürfen.

Veranschaulichen wir uns diese Abläufe am Spiel „Schau nicht um der Fuchs geht um“:

- *Kinder bilden einen Kreis –*
  Begriffsvorstellung „Kreis“ muß beim Kind bereits entwickelt sein; Raumerfahrung Kreis

- *Kind kennt die Regel –*
  Kind muß sich an die Spielregel halten; Regelbewußtsein ist erforderlich
- *Kind kennt den Text –*
  Begriffsbildung, sprachlicher Ausdruck, Merkfähigkeit
- *Kind kann Worte in Taten umsetzen –*
  „Schau nicht um..“: – hierbei auch wirklich nicht umschauen usw.
- *Kind kann konzentriert beobachten und dem Spielverlauf exakt folgen –*
  wann und wo wird der Plumpsack abgelegt
- *Kind kann Aufforderung in Bewegung umsetzen* – sofortiges Losrennen, wenn es bemerkt, daß der Plumpsack hinter ihm liegt
- *Kind erkennt die Laufrichtung –*
  weiß sofort, in welche Richtung es der Spielregel nach zu laufen hat; gedankliche Umsetzung in Bewegung

Viele Kinder haben beim Schuleintritt Schwierigkeiten im Sprachverständnis und Sprachgebrauch. Viele Kinder haben Schwierigkeiten, Anweisungen zu befolgen, besonders, wenn sie nicht individuell an sie, sondern an die ganze Gruppe gerichtet sind. Vielen Kindern, die als Einzelkinder aufwachsen, fehlt hier die früher selbstverständliche gegebene Trainingsmöglichkeit in der Familie mit mehreren Geschwistern.

Eine andere Schwierigkeit beim Verständnis der gesprochenen Sprache folgt nicht aus einer mangelhaften Wort- oder Begriffskenntnis, sondern aus dem Unvermögen, zwei oder mehr Gedanken aufzugreifen, die verschiedenen Aspekte einer Bewegung beschreiben. Ein Kind mag die Sätze: „Mach zwei Schritte“ oder „Geh vorwärts“ verstehen, aber ganz verwirrt sein bei „Geh zwei Schritte vorwärts“.

Bewegungsspiele in der Gruppe sind eine gute Übungsmöglichkeit, Anweisungen zu befolgen, da die Ausführungen der Bewegung gewöhnlich eine Antwort auf die gegebene Anweisung darstellen. Die Reaktion läßt sofort erkennen, ob ein Kind die Anweisung richtig, miß- oder nicht verstanden hat.

Bewegungsspiele können Kinder mit dem Vokabular von Raum- und Zeitrelationen, z.B. höher, schneller, und den Begriffen, die diese Worte beinhalten, vertraut machen: weil Bewegung immer eine zeitliche und räumliche Ausdehnung hat: Steigt ein Kind auf den Tisch, steht es höher als der Spielpartner, der auf dem Boden steht; läuft es, kommt es schneller ans Ziel als der Spielpartner, der geht.

Mangelhaftes Zeitgefühl bringt das Kind in Konflikt mit seiner Umwelt, wenn es beispielsweise zu spät kommt, wenn es die Entfernung und das Tempo eines herannahenden Autos nicht richtig einschätzen kann.

2. Förderung der Wahrnehmung im Spiel

2.1 Was ist Wahrnehmung

Unter Wahrnehmung versteht man die Aufnahme und Verarbeitung von Reizen aus dem eigenen Körper oder der Umwelt. Sie erfolgt über unsere Sinnesorgane: Augen, Ohren, Nase, Zunge, Haut. Schon sehr früh entwickeln sich die sogenannten Nahsinne Geruchs- und Geschmackssinn, Tastempfinden und Gleichgewicht. Im Laufe der ersten Lebensjahre lernt nun das Kind, immer differenzierter seinen Wahrnehmungsapparat einzusetzen, Umweltreize in komplexen Zusammenhängen zu erfassen und auf diese sinnvoll zu reagieren. Hierfür sind die sich erst später entwickelnden Fernsinne Sehen und Hören wichtig, um Informationen von größerer Reichweite aufnehmen und verarbeiten zu können. In der Vergangenheit hat das Kind zahlreiche Erfahrungen erworben und diese „Bilder" in seinem Gedächtnis gespeichert. Jetzt ist es in der Lage, seine Umwelt hauptsächlich mit den Fernsinnen wahrzunehmen und muß die Objekte nicht länger berühren und anfassen, um sie erkennen zu können.

Wenn auch der Schwerpunkt der Wahrnehmungsentwicklung in das Kindergartenalter fällt, so wird die Basis bereits vom ersten Lebenstag an gelegt; das Kind kommt also schon mit prägenden Wahrnehmungserfahrungen – positiven wie negativen – aus dem familiären Umfeld in den Kindergarten.

Ohne Wahrnehmung kann der Mensch keine Botschaft empfangen oder reagieren. Das Bewußtsein ist immer an die Wahrnehmung gebunden. Reichtum und Tiefe unseres Erlebens hängen von Reichtum und Bedeutung der Reize in unserer Umgebung ab und von unseren Reaktionen auf diese Reize. Die Freude an Kunst, Natur und an unserer Umwelt hängt von der Verfeinerung unserer Wahrnehmungsfähigkeiten ab. Bereits Fröbel und Montessori usw. bauen in der Erziehung auf der Qualität der Erlebnisse auf, die dem Kind durch direkten Kontakt mit seiner Umgebung ermöglicht werden.

Alle Kinder, ob sie Entwicklungs- oder Lernschwierigkeiten haben oder nicht bedürfen einer Erziehung, die alle Entwicklungsbereiche mit einbezieht: Sinnes- und Körperwahrnehmung, Sprache, die Fähigkeit zu denken, zu lernen und das Gelernte zu behalten, soziales Lernen und die Gefühlsentwicklung. Wenn auch jede dieser Funktionen sich optimal entwickeln kann, besteht doch in der Entwicklung dieser Fähigkeiten eine Wechselwirkung. Der Wahrnehmungsprozeß während des ganzen Lebens ist eng mit Sprache, Denken und Gedächtnis verbunden, also den Grundvoraussetzungen für schulisches Lernen und gute Alltagsbewältigung.

Die Wahrnehmungsfähigkeit beeinflußt nicht nur den Erwerb von Fähigkeiten, sondern auch den von Begriffen. Kinder, die nicht richtig wahrnehmen können, können nur in beschränktem Umfang Informationen von der Außenwelt aufnehmen. Ihr Wissensumfang kann stark reduziert sein, wodurch alle übrigen Leistungsbereiche, auch Schulleistungen, beeinflußt werden.

Die Wahrnehmungsfähigkeit übt auch einen starken Einfluß auf die Gefühlsstabilität eines Kindes aus. Ein Kind, das im Kindergarten nicht schneiden und malen kann, das im ersten Schuljahr nicht lesen lernen kann, kann verunsichert werden und ist in der gesunden Entwicklung des Selbstbewußtseins beeinträchtigt.

2.2 Entwicklung der Wahrnehmung

Zwischen dem vierten und achten Lebensjahr lernt das Kind, die sogenannten Fernsinne, Sehen und Hören, immer bewußter einzusetzen. Wahrnehmungsübungen und -spiele sollten als pädagogische Förder- und Präventivmaßnahme in den Kindergarten- und Familienalltag Eingang finden, also noch bevor das Kind mit schulischen Aufgabensituationen konfrontiert wird.

Die Wahrnehmung erfolgt über unsere Sinnesorgane und wird von verschiedenen Funktionsniveaus des Zentralnervensystems verarbeitet. In unserem Kulturbereich sind etwa achtzig Prozent unserer Einzelwahrnehmungen visuell, also mit unseren Augen wahrgenommen. Ein Kind entwickelt aber nur dann ein gesundes Spiel- und Lernverhalten, wenn es mit **all** seinen Sinnen wahrnehmen und wenn diese Wahrnehmung im Gehirn entsprechend verarbeitet werden kann. J. Ayres nennt diesen Vorgang des Zusammenspiels und der Verarbeitung aller Sinneseindrucke im Gehirn „sensorische Integration“.[12]

---

[12] J.AYRES: „Bausteine der kindlichen Entwicklung“

Während der Säugling noch reflexgebunden reagiert, lernt das Kind im Vorschulalter mehr und mehr die Wahrnehmungsreize zu selektieren. Für eine gute Bewältigung muß das Kind lernen, bestimmte unveränderliche Merkmale zu speichern und in neuen Wahrnehmungszusammenhängen zu ordnen; z.B. ein runder Gegenstand hat keine Ecken, er ist rund, gleichgültig ob es sich um einen Ball, einen Kreis oder ein Rad handelt. Trainingsmöglichkeit im Spiel ist z.B. das Suchen von bestimmten Dingen im Raum mit gleichen Merkmalen („ich seh etwas, was du nicht siehst und das ist rund"), Dominos, Memorys. Beim Spielen mit Bauklötzen erkennt das Kind, daß es doch die gleichen Bauklötze bleiben, auch wenn immer neue Bauwerke entstehen. Eine gute Entwicklung dieses Merkmalerkennens, der Wahrnehmungskonstanz, ist eine Basis für das Lesen- und Schreibenlernen.

Die zeitlich immer mehr an Bedeutung gewinnenden Computerspiele und Fernsehsendungen – mögen sie auch qualitativ in Ordnung sein – vermitteln aber lediglich passive und eingeschränkte visuelle Wahrnehmungserfahrungen.

Wahrnehmung und Bewegung sind für die kindliche Entwicklung vom ersten Lebenstag an bedeutungsvoll, wenn sie auch anfangs scheinbar planlos zu sein scheinen. In den ersten beiden Lebensjahren wird die Greifsicherheit nach dem mit den Augen wahrgenommenen Gegenstand immer besser. Aus der Hand/Auge-Koordination entwickelt sich die Auge/Hand-Koordination, ohne die das Zeichnen und Malen, das Ballspielen, der Umgang mit der Schere im Kindergarten, später das Schreiben in der Schule, ja jegliche gezielte Tätigkeitkeit mit den Händen nicht möglich wäre.

Das Erkennen der Mutter, das Heraushören ihrer Stimme unter mehreren Personen, die Definition einer bestimmten Geschmacks- oder Geruchsrichtung (süß/sauer, kochen/Kuchenbacken), ist das Lenken der Aufmerksamkeit und das Herauslösen eines bestimmten Reizes aus einer Vielfalt von Wahrnehmungsreizen, die Figur-Grundwahrnehmung, deren Entwicklungsbeginn bereits im Kleinkindalter zu beobachten ist. So hat zum Beispiel ein Junge, der auf dem Spielplatz mit dem Ball spielt, seine Aufmerksamkeit auf den Ball gerichtet, der in dieser Wahrnehmungssituation die Figur ist. Seine Aufmerksamkeit richtet sich auf die Figur, hier den Ball und nicht auf die übrige Ausstattung des Spielplatzes. Wäre er nun nicht imstande, die genaue Lage des springenden Balls wahrzunehmen, würde er große Schwierigkeiten haben, ihn zu fangen. Ungenügende Konzentrationsfähigkeit kann eine Ursache in einer schlechten Figur-Grund-Wahrnehmung haben, wenn das Kind dazu neigt, seine Aufmerksamkeit auf jeden Reiz zu richten, gleichgültig wie unbedeutsam dies für das, was es tun soll, sein mag. Ein Kind mit solchen Schwierigkeiten scheint die Aufgaben oberflächlich und unordentlich zu verrichten.

Das Hauptziel für Eltern und Erzieher in diesem Bereich muß sein, dem Kind im Spiel und im Familienalltag die Fähigkeit zu vermitteln, sich jeweils auf die wichtigsten Reize zu konzentrieren, eine Notwendigkeit für jede zielgerichtete Handlung, aber auch für schulisches Lernen. Gute Trainingsmöglichkeiten stellen bereits erste Sortierspiele dar; aber auch die Knopfschachtel und der Besteckkorb eignen sich dafür hervorragend.

Abbildung 20

Für die Raumwahrnehmung ist nicht ein eigener Sinneskanal wie z.B. Sehen und Hören zuständig. Vielmehr werden hierfür Wissen und Erfahrung aus allen Wahrnehmungsbereichen umgesetzt; Sprachverständnis und sprachliche Ausdrucksfähigkeit sind notwendige Voraussetzungen. Das Kind als Mittelpunkt seiner Welt nimmt die Umgebung vor und hinter sich, rechts und links von sich, über und unter sich, das Geschehen von gestern, heute und morgen wahr. So erfährt es bereits im Vorschulalter die ersten Raumlagebezeichnungen und lernt auch die ersten sprachlichen Raumordnungsbegriffe, Grundlage für späteres mathematisches Verständnis. Gute Fördermöglichkeiten stellen die Kimspiele, aber auch z.B. das vorerwähnte „Schau nicht um", „Komm mit, lauf weg" oder „Jakob wo bis du?" dar. Eng verbunden mit der Raumlage ist die Entwicklung räumlicher Beziehungen, der Fähigkeit, die Lage zweier oder mehrerer Gegenstände in Bezug zueinander wahrzunehmen. Viele Schulanfänger haben Schwierigkeitenm, räumliche Beziehungen zu erfassen. Sie sind unsicher im Verstehen von Begriffen wie gegenüber, zwischen, davor, danach. Sie haben Mühe mit der Beziehung der Buchstaben untereinander, in der richtigen Reihenfolge und stehen dadurch auch auf Kriegsfuß mit der Rechtschreibung. Gute Übungsmöglichkeiten bieten sich beim Auffädeln von Perlen auf eine Schnur, beim An- und Ausziehen von Puppen, beim Nachlegen von Mustern.

Abbildung 21

Haben selbst pädagogische Fachleute manchmal ihre Schwierigkeiten mit Wahrnehmungsdefinitionen, so ist es für die Eltern gänzlich unmöglich, aus der Theorie heraus – in der verbalen Erklärung oder entsprechender Literatur – diese Zusammenhänge zu erkennen. Erst das gemeinsame Tun, die praktische Anleitung in der Eltern/Kind-Gruppe versetzt sie in die Lage, ihr Kind auch im Familienalltag seinen Bedürfnissen entsprechend zu fördern.

3. Integration der Sprache ins Spielgeschehen

„Das Menschlichste, was wir haben, ist doch die Sprache, und wir haben sie, um zu sprechen". (THEODOR FONTANE)

Sprache – gesprochen und geschrieben – ist in unserem Lebensbereich die wichtigste zwischenmenschliche Kommunikation. Noch nie war das Leseangebot für alle Alters- und Gesellschaftsschichten so umfangreich wie heute. Noch nie hatten Theorie und Praxis der Sprachentwicklung eine vergleichbare Bedeutung. Noch nie aber trat die passive Vielfalt des Fernsehens so deutlich anstelle der Aktivität des Gesprächs (Geschichtenerzählen, Gesellschaftsspiele) wie in heutiger Zeit.

Trotzdem haben viele Kinder beim Schuleintritt Schwierigkeiten, Anweisungen zu befolgen, besonders, wenn sie nicht individuell an sie, sondern an die ganze Gruppe gerichtet sind. Die Zahl der lese- rechtschreibschwachen Kinder steigt von Jahr zu Jahr

Der optimale Zeitpunkt der Sprachentwicklung liegt bereits in der frühen Kindheit, in einer Zeit also, die von der Familie und nicht von Institutionen wie Kindergarten usw. geprägt ist. Allmählich formen sich beim Kleinkind undeutliche Stammellaute zu Worten. Das Gehör ist in dieser Zeit das wichtigste Sinnesinstrument für den Spracherwerb und die Sprachentwicklung. Vorbildfunktion für eine gute Sprach- und Sprechentwicklung haben also wir Erwachsene, besonders die Familie als engste Bezugspersonen des Kindes.

Wenn auch hier mit diesem Kapitel die Sprache gesondert dargestellt wird, so ist doch die beste und natürlichste Förderung die Einbeziehung in das kindliche Spielgeschehen, in Wahrnehmung und Bewegung. Der kindliche Alltag bietet hierzu vielfältige Gelegenheit. Schon allein das Mitteilungsbedürfnis des Kindes, mit dem es Wünsche, Fragen, Erlebnisse, Stimmungen zum Ausdruck bringen möchte, stellt einen schier unerschöpflichen Trainingssektor dar: beispielsweise in der aktiven Einbeziehung des Kindes in die Planung, Besprechung und Durchführung. Dies wiederum fördert Eigeninitiative und Kreativität und stärkt das kindliche Selbstwertgefühl.

Deshalb ist es auch naheliegend, den kindlichen Bezugspersonen, besonders der Mutter, so umfassend wie möglich Anregungen und Hilfestellung zu geben. Wie kann dies prägnanter geschehen als durch aktive Einbeziehung in den Gruppenalltag?

4. Interaktion Mutter / Kind als „Förderschwerpunkt"

Der kurze Ausflug der letzten Kapitel in die Entwicklungstheorie soll uns wieder bewußt werden lassen, welch komplexes Zusammenspiel selbst zur Bewältigung einfach scheinender Abläufe in unserem Alltag vonnöten ist. Funktioniert alles, nehmen wir dies unbewußt und als Selbstverständlichkeit wahr. Erst wenn ein Glied dieser Kette unserer Wahrnehmungsfähigkeiten nicht funktioniert, werden wir uns dessen bewußt.

Der Erziehungsstil – sowohl der Eltern als auch der Berufserzieher – ist bestimmt von eigenen positiven und negativen frühkindlichen Erlebnissen, die von unseren eigenen Wahrnehmungsfähigkeiten und ungelösten Konflikten geprägt sind. Ein Kind, das im Kindergarten erstmals in die Obhut der Erzieherin gebracht wird, bringt auch gleichzeitig prägende Vorerfahrungen aus seiner Familie mit. Hier ist es primär die Mutter, die ihm die ersten Wege bereitet. Ob sich die Mutter auf den Tag der Geburt freuen konnte, ob das Kind überhaupt erwünscht war, dafür sind in der Regel äußere Einflüsse maßgeblich. Eltern bzw. Mütter allein entscheiden, ob sie dann das Baby liebevoll und gelassen in den Arm nehmen, ob sie ihm aus Angst vor Gefahr wertvolle Übungsschritte zur Selbständigkeit vorenthalten oder ob ein autoritärer Erziehungsstil schon erste Trotzansätze im Keim erstickt: Ohne Zweifel geschieht dies alles in bester Absicht für das Kind; ob es aber jeweils auch der beste Weg ist, wird sich meist erst später zeigen.

Andererseits ist, wie in vorherigen Abschnitten schon aufgezeigt, dieses mütterliche Verhalten auch vom Wunsch nach dem Optimum für ihr Kind bestimmt, das nicht selten von Angst- und Versagensgefühlen begleitet ist.

Nun endet keineswegs der intensive mütterliche Einfluß mit dem Eintritt in den Kindergarten oder in die Schule. Vielmehr hat das Kind sich jetzt nach zwei Seiten zu orientieren: Wie bisher an den elterlichen/mütterlichen Anweisungen und jetzt zusätzlich noch an der neuen Person, der Erzieherin im Kindergarten, dem/der Lehrer/in in der Schule. Diese Ausrichtung nach zwei Seiten bedeutet eine ungeheure Anforderung, aber auch Leistung für das Kind. Bleibt jetzt nur zu hoffen, daß diese beiden Bezugspersonen „an einem Strick ziehen".

Es ist verständlich, ja selbstverständlich, wenn nicht nur das Kind mit einer gewissen Skepsis die neue Umgebung annimmt. Auch die Mutter ist sich des Einflusses der neuen Umgebung bewußt. Mit bangen Gefühlen und Gedanken verabschiedet sie sich an der Kindergartentür/Schule von ihrem Kind: Kann die neue Bezugsperson mit so vielen Kindern fertig werden? Kann sie die individuellen Bedürfnisse und Wünsche der einzelnen Kinder überhaupt befriedigen? Erleidet nicht gar das eine oder andere, das eigene Kind, dadurch Schaden? Diese Skepsis, dieses Wunschdenken nach Idealverhältnissen für das eigene Kind wiederum ist ein Nährboden für Kritik, wenn der Kindergarten- und Schulalltag nicht immer diesen Vorstellungen entspricht.

Eine gute Lösung stellt auch hier dieses hier beschriebene „Miteinander" dar:

Das regelmäßige aktive Dabeisein der Mutter über einen längeren Zeitraum in der Gruppe gibt der **Mutter**
Gelegenheit,

- sich vom Wohlergehen und Zurechtfinden ihres Kindes zu überzeugen,
- ihr Kind im Gruppenverhalten kennenzulernen,
- sich somit dann auch umfassender auf die individuellen Bedürfnisse ihres Kindes einzustellen,
- für die Förderung des Kindes geeignete Spiele und Beschäftigungen kennenzulernen
- und diese als Anregung für weiteres Tun Zuhause zu übernehmen.

Dieses „Miteinander" aber gibt auch der **Erzieherin** Gelegenheit

- die Mutter / Kind-Kontakte und -beziehungen in der Aktivität genauer kennenzulernen,

- dadurch der Mutter konkrete Ratschläge zu geben, wie sie ihr Kind noch besser zum „hilf mir, es selbst zu tun“ führen kann,
- der Mutter wirkungsvollere Hilfestellung im Erziehungsverhalten zu geben.

4.1 Gegenseitige Abnabelung

Diese zeitweise „Miteinander“ gibt der Mutter auch Sicherheit und Vertrauen. Sie kennt jetzt das umsichtige Agieren der Erzieherin und weiß ihr Kind wohlbehütet in guten Händen Das erleichtert ihr ganz wesentlich die Trennung während der Kindergartenzeit.

Die spontane Aussprache der Mütter untereinander, das gegenseitige Mitteilen ungezählter Einzelerfahrungen aus ihrem Erziehungsalltag, fördern die Sicherheit, in zunehmendem Maße auch die Ehrlichkeit der Gruppe gegenüber. Speziell die gegenseitige Interpretation des momentanen Verhaltens des eigenen Kindes, aber auch der übrigen anwesenden Kinder, bringt Entlastung von eigenen Schuld- und Angstgefühlen, von störenden Verdrängungen und gibt letztlich auch mehr pädagogische Sicherheit.

Aber auch für das Kind stellt dieses „Miteinander“ eine Abnabelungshilfe dar. Wenngleich es anfänglich, wie bereits erwähnt, Zuständigkeitszweifel in der Priorität der Bezugspersonen haben kann – hat nun hier in der Gruppe die Mutter oder die Erzieherin zu bestimmen – stärkt es doch das mitunter etwas in Mitleidenschaft gezogene Selbstbewußtsein, wenn es die Mutter neben sich weiß. Kontakt zu den anderen Kindern der Gruppe zu finden, sich ihnen gegenüber zu behaupten, ist doch wesentlich leichter, wenn man im Notfall mit der mütterlichen Rückenstärkung rechnen kann.

Beeinflußt werden diese Kontakte jedoch stark vom Verhalten der Mutter, je nachdem diese ihrem Kind Freiraum gewährt oder diesen einschränkt. Gelingt es der Mutter, einen kontrollierenden oder einschränkenden Erziehungsstil zu vermeiden, fällt den Kindern die Kontaktaufnahme untereinander wesentlich leichter. Dominant leistungsorientierte und ängstliche Mütter haben größere Schwierigkeiten, ihre Einstellung zum Kind zu ändern.

4.2 Überbehütung

Allzuoft werden in den ersten Lebensjahren wertvolle Gelegenheiten zu Lernerfahrungen von Eltern und Erziehern vertan, weil sie der Meinung sind, das Kind sei noch zu klein. Der Wissensdurst eines Kleinkindes ist unersättlich. Daher sollten wir ihm jede Möglichkeit einräumen, seinen Drang nach Bewegung, Beobachtung, Wahrnehmung, Erkundung und Lernen zu stillen. Jede noch so kleine und ungünstig gelegene Wohnung bietet hierzu zwar nicht immer befriedigende, aber doch immerhin Gelegenheit. Diese Grundlagen, die wir damit schaffen, sind mitentscheidend für das, was aus dem Kind einmal werden kann.

Wenn nun das Kind aus übergroßer Besorgtheit während dieser Zeit immer wieder eingeengt und entmutigt wird, muß sich das zwangsweise in seinem Wesen und seiner weiteren Entwicklung bemerkbar machen. Zur Entwicklung seines Selbstvertrauens braucht das Kind natürlich die volle Unterstützung von uns Erwachsenen. Unsere Anregung, das Gefühl der Sicherheit und unser großzügiges Lob machen ihm Mut, Neues zu riskieren.

4.3 Sind Kurse eine Lösung?

Eine befriedigende Lösung kann es jedoch nicht sein, hierzu das Kind in jeweilige Institutionen oder Kurse zu bringen – so gut und vielfältig deren Angebote auch sein mögen. An einem Nachmittag steht der Malkurs, am nächsten Musik, am übernächsten dann Ballett oder Sport auf dem Programm.... Zu all diesen Aktivitäten muß in der Regel das Kind hingebracht und wieder abgeholt werden – Woche für Woche, meist über ein ganzes Jahr. Die Teilnahme bedeutet natürlich eine Bereicherung für das Kind; es lernt dort von Fachleuten Techniken und erhält auch die wichtige Möglichkeit, es an Ort und Stelle auszuprobieren. Gern opfert die Mutter hierfür ihre Zeit und chauffiert von Kurs zu Kurs, nützt vielleicht die Wartezeit zum Einkaufen oder Kontaktgesprächen mit anderen ebenfalls wartenden Müttern.

Die Aktivitäten stehen dem Kind offen, wann der Stundenplan es vorsieht und nicht wenn es selbst will. Die Kurse sind kindzentriert gestaltet; die Mutter ist wiederum ausgeschlossen und hat nicht die Möglichkeit, ihr Kind in seinem Agieren mitzuerleben, seine Fähigkeiten und Schwierigkeiten auf diesem Gebiet zu beobachten, seine momentane Stimmung und Aufnahmefähigkeit wahrzunehmen. Je kleiner und spontaner das Kind in seiner Spielgestaltung ist, umso gravierender können diese Kursbesuche sein: Oft Zuhause gerade konzentriert bei einer Tätigkeit, muß es die Fertigstellung einer Bauidee abbrechen oder kann das Ende einer spannenden Fernsehsendung nicht erfahren, weil die Pflicht zur Musikstunde ruft. Unkonzentriertheit in diesem

Unterricht geht dann meist zu Lasten des kindlichen Interesses, es wird nicht bedacht, daß ja die Gedanken noch beim zurückgelassenen angefangenen Bauwerk oder dem Fernseher geblieben sind. Beim Abholen wird die Mutter mit der mehr oder weniger großen Unzufriedenheit bei Lehrer und Kind konfrontiert – das Warum aber kommt nicht zur Sprache. Auch bei ihr stellt sich Unzufriedenheit ein: wird ihr persönlicher Einsatz und Zeitaufwand so wenig belohnt.

Häufen sich nun solche Situationen, so ist es nicht verwunderlich, daß das Kind nicht mehr weiter am Kurs teilnehmen möchte, vielleicht sogar massiven Widerstand leistet, obwohl es grundsätzlich Interesse auf diesem Gebiet zeigt und Freude beispielsweise am Spielen des Instruments hat.

4.4. Vertrauen in die Fähigkeiten des Kindes

Schon von klein auf möchten Kinder selbständig sein. Dem kindlichen Wunsch „Ich will das selbst machen" steht häufig unsere Eile und Ungeduld entgegen. Wie schon erwähnt, müssen wir Erwachsenen lernen, abzuwarten und dem Kind Gelegenheit geben, etwas selbst zu tun. Unser Vorsatz muß dabei sein, unserem Kind **nie** etwas abzunehmen, was es selbst tun kann.

Eine gute Gelegenheit des Trainings bietet auch hier wiederum das „Miteinander" in einer Mutter/Kind-Gruppe: Außerhalb der häuslichen Ordnung – nicht in der mütterlichen Verantwortung – unter der Obhut der Anleitung der Erzieherin – im Vergleich mit den anderen Kindern und Müttern – fällt es doch wesentlich leichter, dem Kind etwas ausprobieren zu lassen – selbst auf die Gefahr hin, daß es schiefgeht. Auch den anderen Kindern und Müttern gelingt nicht alles auf Anhieb. Selbständigkeit muß erlernt werden und wird nicht in die Wiege gelegt. Wir Eltern und Erzieher müssen dabei der Versuchung widerstehen, dem Kind immer sofort helfend beizustehen: So wenig Hilfe wie möglich – so viel Hilfe wie nötig!

5. Erfahrungen sammeln lassen

Selbständiges Handeln erfordert auch selbständiges Denken. Liegt es an der mangelnden Gelegenheit, unserem selbständigen Denken abträglichem Schulsystem oder an der Einstellung von uns Erwachsenen, wenn junge Menschen so sehr die Kreativität im Denken und Handeln vermissen lassen und auf diese Weise ihre Zukunft einengen?

„Gehe ich recht in der Annahme, daß schulisches Lernen in deiner Gruppe nicht gefragt ist?" Mit genau diesen Worten versucht der sechsjährige Lothar auszuscheren, als ich mir vor Beginn der Gruppenarbeit bei jedem Kind in einer Spielbeobachtung einen ersten Überblick über den Entwicklungsstand der einzelnen Kinder gewinne. Als extrem behütetes Einzelkind ist er sowohl auf Anraten des Kindergartens als auch auf Wunsch der nicht mehr jungen Eltern von der Schule zurückgestellt und soll zusammen mit seiner Mutter während des Rückstellungsjahres an der Eltern-Kind-Gruppe teilnehmen.

An gemeinsamen Tätigkeiten, bei denen er sich absolut sicher fühlt, nimmt er begeistert daran teil und überrascht immer wieder mit überdurchschnittlich kreativen Einfällen. Seine Ausdauer allerdings läßt für sein Alter doch sehr zu wünschen übrig. Auffallend ist seine Unsicherheit im Umgang mit der Schere und seine Unlust bei Bastelarbeiten. Interessant zu beobachten ist bei diesen Tätigkeiten aber auch das Verhalten der Mutter. Kaum hat Lothar angefangen, mit seiner Kinderschere etwas zu schneiden, schon reißt die Mutter geradezu mit einer übertriebenen Ängstlichkeit ihm die Sachen aus der Hand mit der Bemerkung „das kannst du ja doch noch nicht", und führt die Tätigkeit selbst aus.

Im Müttergespräch immer wieder darauf angesprochen, begründet die Mutter ihr Eingreifen jeweils damit, daß er doch noch so ungeschickt sei und sie es als ihre Aufgabe als Mutter sehe, ihren Sohn vor unerfreulichen Situationen und Mißerfolgen zu bewahren. Obwohl von der Gruppe immer wieder gutgemeinte Vorschläge an sie herangetragen werden, bleibt sie diesen längere Zeit unzugänglich. – Bis eines Tages ganz unvermittelt von ihr im Gruppengespräch die Frage gestellt wird, ab welchem Alter man einem Kind beim Essen am Tisch ein Messer in die Hand geben dürfe. Sie erzählt, daß sie panische Angst habe, daß sich das Kind mit einem Messer verletzen könnte und sie deshalb in der Küche auch die Messerschublade abgeschlossen hält. Sie erzählt in diesem Zusammenhang aber auch, wie eindringlich sie von ihrem Mann immer wieder in die Pflicht genommen werde, daß die Verantwortung über das Wohlergehen des Kindes allein bei ihr liege.

In der Folgezeit wird besonders viel geschnitten und gebastelt, die Kinder schmieren für sich und ihre Mütter die Brote und *schnipseln das Obst für den Obstsalat. Von Tag zu Tag ist zu beobachten, wie bei diesen Tätigkeiten die Sicherheit beim Kind zu- und die Angst bei der Mutter abnimmt. Zum Erfolg geführt hat letztendlich nicht eine verbale Beratung der Mutter, sondern das gemeinsame Erleben in der Gruppe.*

Während Lothars Mundwerk ständig in Aktion ist, ist von Ulrike meist kein Ton zu hören. Auch sie, ebenfalls sechs Jahre, ist auf Anraten des Kindergartens und auf Betreiben der Großmutter von der Einschulung zurückgestellt, obwohl körperliche und intellektuelle Entwicklung altersgemäß sind. Eine direkte Frage löst bei ihr meist Tränen, aber keine Antwort aus; die kommt dann ersatzweise von der Mutter mit der Begründung „Ulrike ist so schüchtern. Dafür habe ich Verständnis, ich war es als Kind auch." Auch Ulrike wird als Einzelkind jede Auseinander- und Durchsetzungsbestrebung von Erwachsenen abgenommen. Wohl ist die alleinerziehende Mutter berufstätig, aber die Großmutter sorgt sich mit einer geradezu erdrückenden Sorgfalt um sie. Angeblich war erst mit fünf Jahren ein Kindergartenplatz für sie frei.

Eine kognitive Förderung bei Ulrike ist nicht nötig, sehr wohl aber eine gewaltige Stärkung des Selbstbewußtseins. Daß uns dies während des Rückstellungsjahres gelang, war in erster Linie dem regelmäßigen Dabeisein von Mutter und Großmutter, sowie der Dynamik der Müttergruppe zuzuschreiben. Der Kindergarten konnte die Mutter von der Notwendigkeit ihrer Teilnahme an der Gruppe überzeugen.

Die Möglichkeit, das Gruppenverhalten ihrer Tochter im Vergleich zu anderen Gleichaltrigen kennenzulernen und Hilfestellung und Anregungen für Zuhause zu erhalten, läßt auch eine Regelung mit ihrem Arbeitgeber für die Zeit ihrer wöchentlich zweistündigen Gruppenteilnahme finden. Nachdem die Großmutter Ulrike weiterhin tagsüber zeitweise betreut, ist es im Interesse des Kindes erforderlich, daß auch sie in die Gruppe mit einbezogen wird. Anfangs versuchen beide gleichzeitig zu kommen. Das aber führt zu unnötigen Spannungen. Einerseits kommt es zu unsachlichen Schuldzuweisungen im Erziehungsverhalten zwischen den beiden Frauen, andererseits verunsichert die gleichzeitige Anwesenheit von Mutter und Großmutter das Kind dahingehend, daß es nicht weiß, wer jetzt gerade die Priorität als Bezugsperson hat. Wir vereinbaren deshalb, daß die beiden in Zukunft wöchentlich wechselweise und nur nach vorheriger Absprache in größeren Abständen gemeinsam teilnehmen.

Während die Mutter überzeugt und konstruktiv mitarbeitet, ist der Zugang zur Großmutter nur schwer zu finden. Immer wieder muß sie veranlaßt werden, dem Kind es selbst tun zu lassen und nicht sofort helfend einzugreifen. Insbesondere ist es schwierig, sie vom Lerneffekt in der Bewegungserziehung nach dem Frostig-Konzept zu überzeugen. Dieses „alberne Gehopse“ möchte sie lieber durch ein Lerntraining ersetzt haben. Hier ist besonders wichtig, daß die Gruppenbetreuung über ein ganzes Jahr läuft und so bei Mutter und Großmutter ein Vertrauensverhältnis aufgebaut werden kann; in wenigen Monaten oder gar Wochen könnte hier absolut nichts erreicht werden

Wenngleich immer noch sehr schüchtern, hat Ulrike an den Bewegungsspielen im Turnraum viel Spaß und traut sich allmählich etwas auszuprobieren, was sich auf ihr Selbstbewußtsein sichtbar positiv auswirkt und letztendlich sogar die Großmutter überzeugen kann. Während sie bei Ballspielen und Gleichgewichtsübungen längere Zeit nur zuschaut, beteiligt sie sich bei sogenannten Kuschelspielen von Anfang an. Wenn hier die „Tierkinder“ bei ersten Ausflügen, schon einen weiteren Raum erkunden, wagt sich Ulrike nur wenige Schritte weg und ist bereits bei der ersten Aufforderung heimzukommen, wieder im beschützenden „Nest“.

6. Das Gemeinsam Erlebte im gemeinsamen Gespräch aufarbeiten

Nach eineinhalb Stunden gemeinsamem Tun, abwechslungsweise am Tisch, im Stuhlkreis oder im Turnraum, gehen bei uns die Kinder in der Regel zurück in den Kindergarten. Die Mütter bleiben noch die restliche halbe bis dreiviertel Stunde zum Gespräch. Nach gemeinsamen Aktivitäten der vorangegangenen eineinhalb Stunden bewegt so manche Mutter besonders das für sie unerwartete Verhalten ihres Kindes bei bestimmten Anforderungen, sei es nun beispielsweise an die Konzentration, an die Beobachtungsfähigkeit, an die Geschicklichkeit. Sie alle verbindet auch das in dieser Zeit beobachtete Verhalten und Agieren sowohl des eigenen Kindes als auch der anderen Kinder. Hier haben sie, wie sonst nirgendwo, die bedeutsame Gelegenheit, nicht nur ihr eigenes Kind, sondern auch die anderen Kinder mit ihren Müttern in unterschiedlichen pädagogischen Situationen kritisch und nicht zuletzt selbstkritisch zu erleben.

Wenn auch für alle Mütter die Basis gemeinsamen Erlebens besteht, ist das Empfinden und die Reaktion doch sehr unterschiedlich, ob es nun das eigene oder ein anderes Kind aus der Gruppe betrifft. Wir können ohne Zweifel davon ausgehen, daß sich jede Mutter ein Optimum für ihr Kind wünscht. Das allerdings birgt die Gefahr in sich, daß sie sich primär vom Wunschdenken und nicht von der Realität, den realen Fähigkeiten des Kindes, leiten läßt.

An diesem Tag kann beispielsweise Frau F. nicht verstehen, daß ihr Sohn Ingo im Turnraum Schwierigkeiten hatte, die von der Mutter gewürfelte Zahl in Schritte umzusetzen, wo er doch bereits bis hundert zählen kann. Es ist dies eine gute Gelegenheit, den Müttern bewußt zu machen, daß „lernen" nicht gleich „begreifen" bedeutet, daß die Kinder hierfür handelndes Tun und unterschiedlich viele praktische Erfahrungen benötigen. Es reicht nicht aus, lediglich die Zahlen zu kennen, um mit diesen dann später auch wirkungsvoll umgehen zu können. Eine andere Mutter gesteht, daß sie überrascht war, wieviel Konzentration selbst bei ihr erforderlich war, die gewürfelte Zahl in Bewegung umzusetzen.

Ein anderer Gruppentag. „Nehmt den Stift in eurer Lieblingsfarbe aus dem Mäppchen", lautet die Aufforderung Während drei Kinder in ihrer Entscheidung noch unschlüssig waren, nehmen deren Mütter irgendeinen Farbstift aus dem Mäppchen und legen ihn vor das Kind. Darauf angesprochen, platzt eine Mutter heraus: „Da werde ich ja verrückt, wenn ich warten soll, bis sich Tim entscheidet". Es ist wohl unschwer zu erraten, daß an diesem Tag im Müttergespräch Themen wie wartenkönnen, Selbständigkeit, hilf mir es selbst zu tun, das Müttergespräch beherrscht.

Alle Mütter verbindet das gleiche Ziel: die Sorge um das Wohlergehen ihres Kindes. Dieses Einbezogensein als Mutter unter Müttern, das gemeinsame Erleben, das regelmäßige Zusammensein über einen längeren Zeitraum, das gegenseitige Verständnis für Probleme, bildet bei ihnen ein Gefühl des Vertrauens, der Solidarität. Hier müssen sie sich nicht als Versager fühlen, können ihre Schuldgefühle abbauen.

Das erleichtert ihnen auch, Hilfe anzunehmen. Diese Hilfestellung erhalten sie hier nicht nur von der Gruppenleiterin als „Fachfrau“, sondern primär sogar von den anderen Müttern der Gruppe, die deshalb oft auch leichter zu akzeptieren ist, weil sie von „Gleichbetroffenen“ kommt.

Dieses Bewußtwerden der eigenen Einstellung zum Kind führt zum Abbau erziehungshemmender Verhaltensweisen, damit auch zur Entwicklung eines kindgemäßen Erziehungsstils und somit auch zur Verbesserung der Mutter-Kind-Beziehungen.

Immer wieder bestätigen die Mütter, daß ihnen gerade dieses Einbezogensein hilft, ihre Kinder besser kennen- und dadurch auch verstehen zu lernen. Diese Äußerung bestätigt die notwendige Ausrichtung der gleichzeitigen und gleichwertigen mutter- **und** kindzentrierten Vorgehensweise.

IX. Gruppenleitung

1. Berufliche Qualifikation

„Kindergartenerzieher als Bindeglieder zwischen Familie und Öffentlichkeit, die Kinder in den wertvollsten Lebens- und Lernjahren in ihre pädagogische Verantwortung, können nicht gut genug ausgebildet werden. Dabei ist gerade der gute Kontakt zu den Eltern und zur Schule als öffentliche Lernstätte von besonderer Bedeutung, damit Kinder in gemeinsamer pädagogischer Anstrengung zu lebenstüchtigen, lebensbejahenden, selbständigen und für die Sorgen anderer offenen Menschen erzogen werden können. Daher müssen auch Aspekte, Ziele und Methoden der Elternarbeit und der Kooperation mit der Schule und mit anderen Erziehungsstätten Gegenstand der Ausbildung von Erzieherinnen sein.“[13]

„Von den Erzieherinnen wird ein hohes Maß an Einfühlungsvermögen, pädagogischem Geschick und professionellem Können gefordert. Sie sollen in den unterschiedlichen Situationen stets angemessen reagieren. Eingehende Kenntnisse, wie man situationsgerecht planen und handeln und auch in unvorhergesehenen Situationen die Übersicht behalten kann, sollen ihnen helfen, beim Umgang mit den anvertrauten jungen Menschen verständnisvoll, zielbewußt und systematisch vorzugehen.“[14]

1.1 Grundausbildung

Nach wie vor ist die fachliche Ausbildung sowohl im Vorschul- als auch Schulbereich nur kindzentriert ausgerichtet. Situationsgerechtes Handeln, ein hohes Maß an Einfühlungsvermögen, pädagogisches Geschick und professionelles Können wird nur im Hinblick auf die Arbeit am und mit dem Kind, jedoch nicht auf das prägende familiäre Umfeld bezogen vermittelt. Vielfach fehlt den unterrichtenden Dozentinnen/ Dozenten auch der Praxisbezug und die praktische Erfahrung.

---

[13] „“Erziehung und Unterricht“, Österr. Zeitschrift, 10/91, S. 865

[14] Bayer. Staatsministerium f. Unterricht, Kultus, Wissenschaft und Kunst, München: Lehrpläne für die Fachakedemie für Sozialpädagogik, Mai 1994

In Anbetracht der unbestritten elementaren Bedeutung müßte dieses Thema als eigenständiges Pflichtfach in den Lehrplan mit aufgenommen werden und neben der theoretischen Unterweisung für die Studenten eine Umsetzungsmöglichkeit in die Praxis gewährleistet sein. Statt dessen hat nach wie vor im Lehrplan der Fachakademien für Sozialpädagogik in Bayern das umfassende Thema „Elternarbeit" lediglich Nebenstellenwert und ist verbindlich im 1994 neu herausgegebenen Lehrplan nur für die Fächer Rhythmik, Kunsterziehung und Werkerziehung in der Übersicht der einzelnen Lerngebiete ausgewiesen!

1.2 Weiterbildung

Die Zusammenarbeit mit den Eltern setzt aber auch eine gewisse Erfahrung voraus. Deshalb kann die Berufsausbildung in diesem Bereich lediglich Grundkenntnisse vermitteln, und das Fundament legen, auf denen die berufsbegleitende Fortbildung später aufzubauen ist. Einer gut fundierten fachlichen Weiterbildung kommt deshalb besondere Bedeutung zu.

Das primäre Ziel bei den Fortbildungen muß sein, das Bewußtsein zu vermitteln, daß die Eltern nicht Kontrahent, sondern ein *wichtiger Partner* in der gesamten Erziehungsarbeit sind, was natürlich möglichst praxisbezogen zu veranschaulichen ist.

> *Richard kommt auf eindringliche Empfehlung des Kindergartens als sogenanntes Antragskind – er könnte bei entsprechender Schulreife vorzeitig eingeschult werden – in unsere Gruppe. Das von den ehrgeizigen Eltern von jeher verfolgte Erziehungsziel, die vorzeitige Einschulung, war darauf ausgerichtet, ihm eine Förderung aufzuzwingen, die einem zwei Jahre älteren Kind zustehen würde. Somit hatte er also kaum die Möglichkeit, sich altersgemäß zu beschäftigen und zu entwickeln. Ein Entwicklungsvergleich mit der zwar ein Jahr jüngeren, aber weitaus cleveren Schwester wird wegen der ausgeprägten Rollenzuweisung Junge/Mädchen von den Eltern gar nicht in Erwägung gezogen.*

> *Der Kindergarten erkannte diese Schwierigkeiten sehr schnell und versuchte Einfluß in das Erziehungsverhalten der Eltern zu nehmen mit dem Ergebnis, daß der Erzieherin mangelhaftes Eingehen vorgehalten und damit ihr die „Schuld" zugewiesen wurde. Auf Wunsch der Mutter mußte das Kind dreimal innerhalb von zwei Jahren den Kindergarten wechseln. In keinem der*

drei Kindergärten konnte Richard einen Freund finden; nach kurzer Zeit war er jeweils das „enfant terrible" der Gruppe. Erst nachdem die Empfehlung zur Teilnahme in unserer Gruppe mit einem „Förderaspekt" begründet wurde, war die Mutter dazu bereit.

Uns geht es nicht primär darum, das Kind kognitiv zu fördern, sondern durch das Miterleben der Gruppenaktivitäten den Erziehungsstil der Mutter zu beeinflussen. Sie erlebt hier, daß sie durch ihr ständiges ungeduldiges Fordern nach Leistungsverbesserung das Kind reflexhaft in ein aggressives Verhalten treibt. Anfangs lehnt sie die verwendeten Beschäftigungsmaterialien als für ihren Sohn „viel zu läppisch" ab, muß jedoch bald erkennen, daß er mit diesen manchmal größere Schwierigkeiten hat als die anderen Kinder.

Aufgrund der guten Kooperation mit dem Kindergarten und in Kenntnis der Schwierigkeiten gelingt es uns in der Gruppe bald, gezielt auf Richards Bedürfnisse einzugehen und die Mutter von der Notwendigkeit eines altersgemäßen Eingehens zu überzeugen. Nachdem sie sein Verhalten auch im Vergleich zu den übrigen etwa gleichaltrigen Kindern direkt miterleben kann, kommt es auch nicht zu ungerechtfertigten Zuweisungen gegenüber der Gruppenleiterin. Nicht unerwähnt bleiben soll, daß sich die Mutter am Ende des Jahres bei der Erzieherin im Kindergarten entschuldigte.

1.3 Elemente der Weiterbildung

Das wesentliche Element in der Weiterbildung besteht in der Fähigkeit, gleichzeitig und gleichwertig kind- und elternzentriert arbeiten zu können. Während die kindzentrierte Arbeit zwar – wie vorerwähnt – bereits den Schwerpunkt der fachlichen Grundausbildung darstellt, müssen diese notwendigen Spezialkenntnisse und Fähigkeiten in der Weiterbildung erst erworben werden, beispielsweise

– Befähigung gleichzeitig und gleichwertig eltern- und kindzentriert zu arbeiten,

– besondere Kenntnisse in der Gesprächsführung,

– Einführung in geeignete und gezielte Beobachtungsmethoden: im Hinblick auf Eigenheiten kindlichen Verhaltens, in der Bedeutung der Eltern-Kind-Beziehung, insbesondere der gerade bei jüngeren Kindern prägenden Mutter-Kind-Beziehung,

- Wissen um die Einrichtung und Organisation von Eltern(Mutter)-Kind-Gruppen als integriertes Zusatzangebot der Institutionen (z.B. Kindergarten, Hort, Schulkindergarten, Eingangsstufe Grundschule) für Kinder, die Schwierigkeiten mit der Zurechtfindung haben,
- Informationen über die Auswahl der für diese Ziele geeigneten Spiel- und Arbeitsmaterialien und Kenntnis über deren Methodik und Didaktik.

Jede Abweichung vom Gewohnten, vom Traditionellen, verlangt neben der organisatorischen auch eine mentale Umstellung für alle mit der Erziehung und Förderung betrauten Personen. Sie, die „Fachleute“, die sich bisher kraft ihrer beruflichen Ausbildung und Position gegenüber den Eltern eine Autorität aufgebaut haben, sehen sich plötzlich deren Kritik ausgesetzt.

In meiner fast zwanzigjährigen Praxis habe ich jedoch gerade das Gegenteil erfahren. Der enge und regelmäßige Gruppenkontakt baut ein Vertrauensverhältnis auf, das sich im ideal geführten Beratungsgespräch außerhalb des eigentlichen Geschehens keinesfalls erreichen läßt. Nicht die verbale Information schafft die Basis, sondern das gemeinsame Erleben. Nicht der fachkompetente Rat steht im Mittelpunkt, sondern die Gruppenkonstellation – die Erkenntnis, daß die anderen Eltern ähnliche oder gleiche Sorgen drücken – wirkt hier positiv mit.

Die Kenntnis des „Warum“ und des „Weshalb“ der einfach erscheinenden Spielformen, der Methodik, der pädagogischen Absicht, fördert in der elterlichen Meinungsbildung die berufliche Akzeptanz der Fachleute entscheidend und nimmt einer nicht konstruktiven Kritik jegliche Grundlage.

1.4 Belastung

Bedeutet die aktive Einbeziehung der Eltern (Mütter) für die Erzieherin/den Erzieher eine „zusätzliche Belastung“ oder gewinnt sie/er hieraus sogar Vorteile für den Berufsalltag? Eine wertvolle Hilfe im Erziehungsbestreben stellt das sensible Beobachten, insbesondere der Mutter-Kind-Beziehung in der Gruppentätigkeit dar. „Wir hören auf, das Kind zu verstehen, wenn wir die Bedeutung der Mutter-Kind-Bindung außer acht lassen“. (Ausspruch eines namentlich unbekannten Wissenschaftlers in einer Rundfunksendung).

Die Vermittlung dieser Spezialkenntnisse ist nicht nur geeignet, die Hemmschwelle „Elternarbeit“ zu überwinden, sondern stellt eine ganz wesentliche Höherqualifikation dar. Eine gut fundierte Zusatzausbildung bedeutet also eine erhebliche berufliche Aufwertung und keineswegs eine Abwertung der „normale“ Kinderarbeit leistenden Fachkraft.

Der Erfolg einer aktiven Zusammenarbeit ist weitgehend abhängig von der **Erzieherpersönlichkeit** und deren beruflicher Qualifikation. Neben einer fachlich fundierten eltern- und gruppenzentrierten Zusatzausbildung sind vor allem ein besonderes Maß an Einfühlungsvermögen und die echte Bereitschaft vonnöten, mit den Eltern zu kooperieren. Sie soll fähig sein, die Partner — Eltern wie Kinder – zu einer echten engagierten Teilnahme zu bringen und in dieser Kleingruppe eine Atmosphäre zu schaffen, in der mögliches Fehlverhalten nicht peinlich wirkt. In diesen offenen Gesprächen kann es möglicherweise zu freier, nicht verletzender Selbst- und Fremdkritik kommen.

Auch für sehr junge ErzieherInnen kann diese partnerschaftliche Zusammenarbeit mit den Eltern eine Hemmschwelle bedeuten, wenn sie sich **selbst** noch nicht befriedigend von ihrer eigenen Familie und ihrem Eltern/Kind-Status lösen konnten und daher unbewußt unverarbeitete eigene Konflikte auf die Eltern der ihr anvertrauten Kinder übertragen.

2. Anregungen für die Praxis

Während die pädagogische Bedeutung der aktiven Zusammenarbeit mit den Eltern immer deutlicher wird, stellt sich die Frage, ob es vertretbar ist, daß diese Zusatzausbildung den Initiativen und der Freiwilligkeit der einzelnen Trägerverbände überlassen bleibt. Vielfach sehen Trägerverbände und Standesorganisationen irrtümlich immer noch eine ungerechtfertigte „Einmischung“ der Eltern, vor allem der Mutter als Fachfremde in die pädagogischen Belange der Institutionen und bringen einer engen, aktiven und vertrauensvollen Zusammenarbeit immer noch Widerstand entgegen.

Ohne die derzeitige personelle Situation bagatellisieren zu wollen, ist beispielsweise bei der Integration dieser Eltern-Kind-Gruppen in den Kindergarten ein zeitlicher Mehraufwand von lediglich zwei Stunden wöchentlich ausreichend. Sollte die Gruppenleitung nicht kindergartenintern besetzt werden können, so ließe sich sicher eine derzeit familienbedingt nicht berufstätige Kollegin hierfür gewinnen, für die diese Tätigkeit vielleicht sogar einen ersten Schritt für einen späteren Wiedereinstieg in den Beruf darstellen könnte.

Nachdem diese Gruppenaktivität ein zusätzliches Angebot der Institutionen darstellt, ist es auch gerechtfertigt, einen, wenn auch geringen Beitrag hierfür zu erheben, mit dem evtl. zusätzlich entstehende Kosten zu begleichen sind, wie Honorar für die Gruppenleiterin, wenn für sie zusätzliche Zeit aufzubringen ist oder wenn eine institutionsfremde Kollegin die Gruppe leitet (s.VII., 2, S. 62)

Ausblick

Die zunehmenden pädagogischen Schwierigkeiten in den Familien, Kindergärten und Schulen der hochindustrialisierten Länder bringen vor allem psychosoziale Probleme mit sich. Die Schulschwierigkeiten steigen in erschreckendem Ausmaß.

In den letzten Jahren werden sehr alte gesellschaftspolitische Strömungen sichtbar, die wir in ihrer überholten Ideologie bis in die Aufklärung zurückverfolgen können. Ihre Vertreter lehnen wie damals die Familie als Erziehungsraum weitgehend ab. Die Psychologie mit ihren Hilfswissenschaften kann jedoch aus einem großen Reichtum unmittelbarer Erfahrung nachweisen, daß gerade für das Kleinkind die Familie unersetzbar ist. Es gibt keinen gleichwertigen Ersatz für die „Institution Familie“.

Bereits im Vorschulalter werden die Kinder in Filmen mit Grausamkeiten konfrontiert, ja überhäuft, ohne daß sie Gelegenheit haben, diese Erlebnisse zu verarbeiten – was vielfach Mitverursacher für die zunehmende Gewaltbereitschaft bei Kindern und Jugendlichen gesehen wird. Die Medien sparen bei diesen Beispielen nicht mit Schuldzuweisungen an das Elternhaus. Schlagzeilen beinhalten mehr und mehr den sexuellen Mißbrauch von Kindern, die Gewalt im Elternhaus.

Jedes dritte Kind nimmt Medikamente. Ein großer Teil davon ist nicht aus gesundheitlichen Gründen ärztlich verordnet, sondern soll eine Leistungsverbesserung und bessere Konzentration herbeiführen oder günstig auf die Psyche des Kindes (z.B. bei Unruhe, Überaktivität) einwirken. Der Drogeneinstieg gefährdet immer jüngere Jugendliche, ja sogar Kinder und der „rote Faden“ reicht auch hier fast immer zurück in die frühe Kindheit und das familiäre Umfeld...

Eine enorme Hemmschwelle hindert sowohl Betroffene als auch Helfer, diese vielschichtige und verhängnisvolle Problematik offen anzusprechen. Hierzu ist eine Vertrauensbasis vonnöten, die nur über einen längeren Zeitraum und mit entsprechendem Einfühlungsvermögen aufzubauen ist.

Um diese Probleme zu lösen, brauchen wir dringend eine praktizierbare Psychohygiene, die nicht zuletzt auf einer Präventivpädagogik basiert, die das Kind in seiner Gesamtpersönlichkeit erfaßt. Die aktive Zusammenarbeit der Institutionen mit den Eltern hat sich als ein Beitrag dafür erwiesen. Es werden echte Gemeinschaftserlebnisse möglich, die in den Alltag aller Beteiligten hineinwirken und auf diese Weise manches Leid, manche spätere Sorge und Schwierigkeit und damit auch manche teure Therapie vermeiden helfen.

Unser Ziel ist Familienhilfe, ist Entwicklung von Toleranz, Partnerschaft und Gemeinschaft in Familie, Institution und Gesellschaft. Die Gruppenleitung ist keinem Curriculum, keinem Lernziel unterworfen, steht nicht unter Zeitdruck, braucht nicht zu testen und fortlaufende „Erfolgskontrollen“ durchzuführen. Sie verfügt methodisch und inhaltlich über den Freiraum, auf den eine schöpferische Pädagogik niemals verzichten kann und darf.

Literaturverzeichnis

AYRES: „Bausteine der kindlichen Entwicklung“, Berlin-Heidelberg, 1984

BETZ/BREUNINGER: „Teufelskreis Lernstörungen“; München-Weinheim, 1987

BRAND/BREITENBACH/MAISEL: „Integrationsstörungen“, Würzburg 1988

BROCHER: „Gruppendynamik und Erwachsenenbildung“ Braunschweig 1980

DIETRICH: „Kinder verstehen lernen“, Paderborn 1980

FROSTIG: „Bewegungserziehung“, München 1980

FROSTIG: „Visuelle Wahrnehmungsförderung“, Hannover1979

FROSTIG/MASLOW: „Lernprobleme in der Schule“, Stuttgart 1978

HARTMANN: „Zappelphilipp Störenfried“, München 1988

HEMMINGER: „Kindheit als Schicksal?“, Hamburg 1982

IFP: „Eltern-Kind-Programm 1 – 3, Donauwörth 1977

INT. FROSTIG-GES.: „Die Anwendung des Marianne Frostig Konzepts in Pädagogik und Therapie“, Dortmund 1987 „Wahrnehmung und Persönlichkeit“, Dortmund 1992

KUNZ: „Psychomotorische Förderung – ein neuer Weg zur Unfallverhütung im Kindergarten“, Frankfurt 1992

MEINHARDT: „Medizin und Pädagogik“, Düsseldorf 1978

MAX-PLANCK-INSTITUT FÜR PSYCH. FORSCHUNG: „Eltern als Diagnostiker ihrer Kinder“, München 1988

MEVES: „Erziehen lernen“, Freiburg 1987

MEVES: „Die Schulnöte unserer Kinder“, Gütersloh 1981

MILLER: „Am Anfang war Erziehung“, Frankfurt 1978

MÜLLER: „Elementares Arbeiten mit Ton“, München 1976

ROGERS: „Entwicklung der Persönlichkeit“, Stuttgart 1979

SEEHAUSEN: „Familien zwischen modernisierter Berufswelt und Kindergarten“, Freiburg 1989

STIERLIN: „Eltern und Kinder“, Frankfurt 1980

WIEDEMANN: „Endbericht Modellversuch“, Gilching 1982

WIEDEMANN: „Einbeziehung des Frostig-Konzepts in die Eltern Kind-Arbeit ..“ (in „Die Anwendung des Marianne Frostig-Konzepts in Pädagogik und Therapie“), Dortmund 1987

WIEDEMANN: „Zurückstellen allein reicht nicht“ (in WELT DES KINDES):, Freiburg 1990

WIEDEMANN: „Für eine gute Entwicklung: Aktive Einbeziehung der Eltern im Erziehungsalltag“ (in ERZIEHUNG UND UNTERRICHT), Wien 1991

WIEDEMANN: „Gemeinsamkeit hilft weiter“ (in PRAXIS DER PSYCHOMOTORIK), Dortmund 1990

WIEDEMANN: „Elternarbeit nach dem Frostig-Konzept“ (in PRAXIS DER PSYCHOMOTORIK), Dortmund 1993

WIEDEMANN: „Neue Wege der Elternarbeit“ (in HANDBUCH F. ERZIEHERINNEN), München 1994

WIEDEMANN: „Aktive Zusammenarbeit von Eltern und Erziehern bei behinderten Kindern“ (in EUTSCHE BEHINDERTEN-ZEITSCHRIFT), 1994

ZINKE-WOLTER: „Spüren – Bewegen – Lernen“, Dortmund